データの力を100%引き出す

「データ分析脳」の鍛え方

下山輝昌　中村智　岡本悠【著】

〝説明力〟がアップするデータ分析の思考技術

秀和システム

はじめに

データドリブン経営によるイノベーションか、死か。

パーソナルコンピュータやスマートフォンの普及により、私たちの周囲には膨大なデジタルデータがあふれています。その量は指数関数的に増加しており、2025年には180ゼタバイトに達すると予測されます。これにより、Amazonのレコメンド機能や、2022年以降注目を集めるChatGPTなどの生成系AIが実現され、我々の生活は知らぬ間にデータの恩恵を受けています。企業においても、データを活用できるかどうかが生死を分ける要因となっているのは疑いの余地がありません。

また、Tableauなどのツール、AWSのクラウドデータ基盤、Pythonなどのプログラミング言語といった技術が普及した結果、企業のデータ基盤整備やダッシュボード導入は進んでいます。しかしながら、日本全体のデジタル競争力は世界と比較して低いのが現状です。これは、環境が整いつつあるにもかかわらず、データを活用して意思決定を行う思考、いわゆる「データ分析脳」が十分に根付いていないためと考えられます。

データ分析は、特定の専門家だけが行うものではなく、日常生活の中でも活用されています。例えば、お店選びの際に様々な情報を基に判断する過程も立派なデータ分析です。こうした思考法は、ちょっとしたきっかけさえあれば誰でも身につけることができ、生成ＡＩを活用した多角的な視点での提案や業務効率の劇的な向上にも寄与します。すなわち、データ分析脳とは、何か行動を起こす際に必ずデータに基づいた意思決定を行う思考方法であり、体系的に学べば誰でも習得可能なテクニックなのです。

そこで本書では、データからインサイトを導き出し、具体的なアクションに結びつけるプロセスを体系的に解説します。基本の流れは「問いを立てる」「仮説を構築する」「検証する」「考察する」「提案する」というステップに集約されます。まずは水平思考により問題の可能性を広げ、要素を分解しながら仮説を構築します。次に、構築した仮説をグラフなどの可視化ツールを用いて検証し、さまざまな事実を集積します。その事実に基づいて考察を深め、最終的に筋の通った提案を導く──これがデータ分析の真髄であり、仕事の効率や成果に大きな影響を与える方法論です。

これからデータ分析やＤＸプロジェクトを始める方、既に挫折を味わった方、またはグラフ作成技術はあるが分析の進め方がわからないという方に、本書が新たな視点と自信を提供できることを願っています。読者自身がデータを活用し、自社や社会をより良い方向に導く提案を生み出すための一助となれば幸いです。

目次

第Ⅰ部　データ分析脳を体験する

第2章

小さな問いから始めるデータ分析脳 ―問い／仮説構築／検証―

第II部　視座を上げて質の高い問いを作る

第4章　「問い」を磨く：分析の出発点を高める……135

第5章 視座の高い分析プロセスとアウトプット……179

第6章 データ分析脳をビジネスやキャリアに活かす

第1章 データ分析脳とは何か

第I部　データ分析脳を体験する

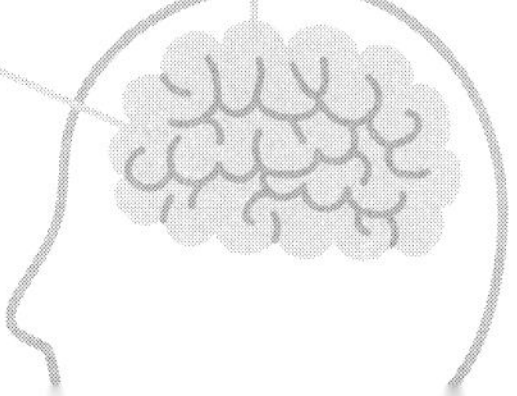

データ分析はクリエイティブで楽しい

本書のタイトルである「データ分析脳」という言葉を聞くと、皆さんはどのようなイメージを感じますか。多くのビジネスパーソンや初心者の方の中には、「データ分析」というと何やら小難しそうで、ひたすらパソコンとにらめっこしながら数字を集計する地味な作業、という先入観をお持ちの方も少なくありません。しかし、実はデータ分析の世界は、想像以上に〝クリエイティブ〟で〝楽しい〟要素が潜んでいます。

データは生き物のように、状況や切り口を変えればその見え方がガラリと変わり、新たな発見や思わぬ気づきを与えてくれます。データ分析脳を身につけると、この〝気づき〟を次々と得ることができるようになり、問いを立てて検証を行い、また新たな問いにつなげる―そんなサイクルを楽しむことができるようになります。新たな問いや仮説を生み続けるサイクルは、まさにクリエイティブの醍醐味とも言えるでしょう。そして、様々な問いの検証を通じて得た多くの事実をもとに、提案を行うことはより説得力もありより良い提案となります。それは、仕事が出来るビジネスパーソンとして、当たり前のように持つスキルであると言っても過言ではないでしょう。

本書では、問いを立て、仮説を考え、検証し、考察、そして提案へとつなげる思考法を「データ分析脳」と呼びます。問い・仮説構築・検証・考察・提案という5つのステップ自体は、目新しいものではないかもしれません。しかし、このサイクルを実際に回せる人材は意外と多くないように感じますし、体系的な鍛え方を示している本もあまり見かけません。知っていても使いこなすのは難しいスキルといえるでしょう。

答えの見えにくい時代だからこそ、データ分析脳は今後ますます重要になります。とはいえご安心ください。データ分析脳は、データ分析というトレーニングを通じて確実に鍛えられるスキルです。本書を通じて、これまでデータ分析を敬遠していたビジネスパーソンの方にも、呼吸をするようにデータを分析し、そのファクトをもとに提案する習慣を身につけていただければ幸いです。

繰り返しになりますが、データ分析はただロジカルに閉じていくだけの作業ではありません。むしろクリエイティブに思考を拡張し、楽しいアイデアを生み出すきっかけにもなります。そこでまず、「データ分析は本来クリエイティブで楽しいものである」というテーマを掘り下げながら、データ分析への固定観念を解きほぐしていきましょう。その〝ワクワク感〟や〝創造性〟がどこにあるのか、ぜひ一緒に理解を深めていただければと思います。

「地味な作業という誤解」と「新たな発見を得るワクワク感」

まず、多くの人が抱いている「データ分析＝数字をただ集計して眺める、退屈で地味な作業」といった先入観について考えてみましょう。確かに、データ分析の一部の工程では、エクセルやTableauなどのＢＩツール、あるいはＳＱＬなどを使って、データの集計や加工を行う地道な作業が必要になる場面もあります。とりわけ初心者の方や、業務として〝数字の処理〟を任されている方には、「ひたすら数値を入力し、表やグラフにまとめているだけ」という印象が強いかもしれません。

しかし、それはあくまでデータ分析の〝ごく一部〟にすぎません。むしろ「ただ数字をまとめるだけ」の作業に終始しているのであれば、それは〝分析〟というよりは〝集計〟にとどまっている状態と言えます。データ分析脳を身につけていく上で最も大切なことは、問いを立て、それに基づいて仮説を構築し、実際のデータを使って検証し、その結果から考察を深め、最終的に提案へ落とし込む―この一連のプロセスを回すことです。数字の集計は、このプロセスを進めるための〝下準備〟であり、〝入り口〟にすぎません。

実際に問いや仮説を立てる際には、「なんでこんな結果が出るのだろう？」「売上データが上がっているのはどの製品が貢献しているんだろう？」「顧客の行動が変化したタイミングはいつだろう？」といった、日常の不思議や気づきがヒントになっていきます。そこにはクリエイティブな思考がたくさん求められますし、アイデアが膨らむほど「面白そう！」と感じる瞬間が増えてくるでしょう。数字をただ「眺める」だけではなく、数字を使って「面白い仮説」を描き、その仮説が正しいかどうかを検証する探究心こそが、データ分析の真髄と言えます。それは、データから新たな発見を得る「ワクワク」する作業です。

データ分析のプロセスは、ある意味で〝謎解き〟や〝宝探し〟に似ています。すでに目の前にある情報（データ）を使いながらも、そこから得られる洞察はまだ誰も見つけていない〝宝〟かもしれません。ＥＣサイトの売上データ一つ取ってみても、「一見すると全体の売上が緩やかに伸びているようだけど、実は特定のカテゴリが急激に伸びていた」「実はリピーターが急増しているのは、ある割引クーポン施策を打ち出した時期と重なっていた」など、ちょっとした視点や仮説を変えるだけで全く違う景色が見えてくるのです。

多くの企業や組織では、膨大なデータがすでに蓄積されていますが、その〝お宝〟をまだ活用できていないケースが多々あります。「使えるデータはあるけれど、どう分析していいかわからない」「自分の部門で扱っているデータと、他部署のデータを組み合わせる発想がなかった」「集計レポートは作っているが、経営層や他部門との会話につなげられていない」――こうした声は決して珍しくありません。逆に言えば、それだけまだまだ〝未開拓〟の宝の山が眠っているとも言えます。

こうした宝の山から、新たな発見を得る際には必ず、「えっ、そんなことが起こっていたのか！」という驚きや「なるほど、だからこの施策は効果があったんだ」といった納得感があります。その瞬間こそがデータ分析の醍醐味であり、ワクワクするポイントです。さらに、その〝気づき〟から「では、次はこんな施策はどうだろう？」「このカテゴリをもっと強化したら、売上はさらに伸びるのでは？」といったアイデアにつながり、組織にとっても実行可能な提案に昇華していくのです。

広げて閉じるアイデア発想とデータ分析

これまで説明したように、データ分析を通してデータと向き合うことは、非常に楽しくワクワクする作業です。さまざまな疑問が生まれ、それを手を動かしながら検証し、新たな知見を得て思考が広がっていく感覚は、人間の知的好奇心を大いに満たしてくれます。

ここで少し話題を変えて、アイデア発想のプロセスを考えてみましょう。アイデア発想においては、自分の思考をいったん大きく広げ、その中から事業やアイデアをまとめる「広げる」「閉じる」というステップが重要だと言われています。デザイン思考などのプロセスでもよく論じられるように、「発散（Diverge）」と「収束（Converge）」というステップが存在し、ダブルダイヤモンドモデルではこの発散と収束を2度繰り返します。1回目は問題を発見・定義するフェーズで、幅広い情報を探り（発散）、重要な課題を絞り込む（収束）ことが目的です。2回目は解決策の発想・提案のフェーズで、解決策を多角的に考え（発散）、最適な案に絞り込む（収束）プロセスを経ます。このような「広げて閉じる」思考は、クリエイティブな課題解決や革新的なプロジェクトにおいて極めて重要です。

データ分析のプロセスも、実はこの「広げて閉じる」アプローチが欠かせません。まずは仮説を持たずにデータを探索的に見てみることで、思わぬ視点や新たな問題点が見つかる（発散）一方、そこから見いだした手がかりを精査して、重要な論点に絞り込む（収束）という流れを繰り返します。想像しやすい例を挙げれば、ダブルダイヤモンドの1回目、つまり問題の発見・定義は、データ分析の初期段階から得られるインサイトによって大きく支えられるでしょう。データをしっかり調べ、幅広い要素を洗い出さないまま提案フェーズに移ってしまうと、視野の狭い偏った結論に陥りがちです。逆に、十分な「広げ」のプロセスによって得られた多角的な視点は、課題定義や解決策の方向性を高い精度で導く土台になります。（図1-1）

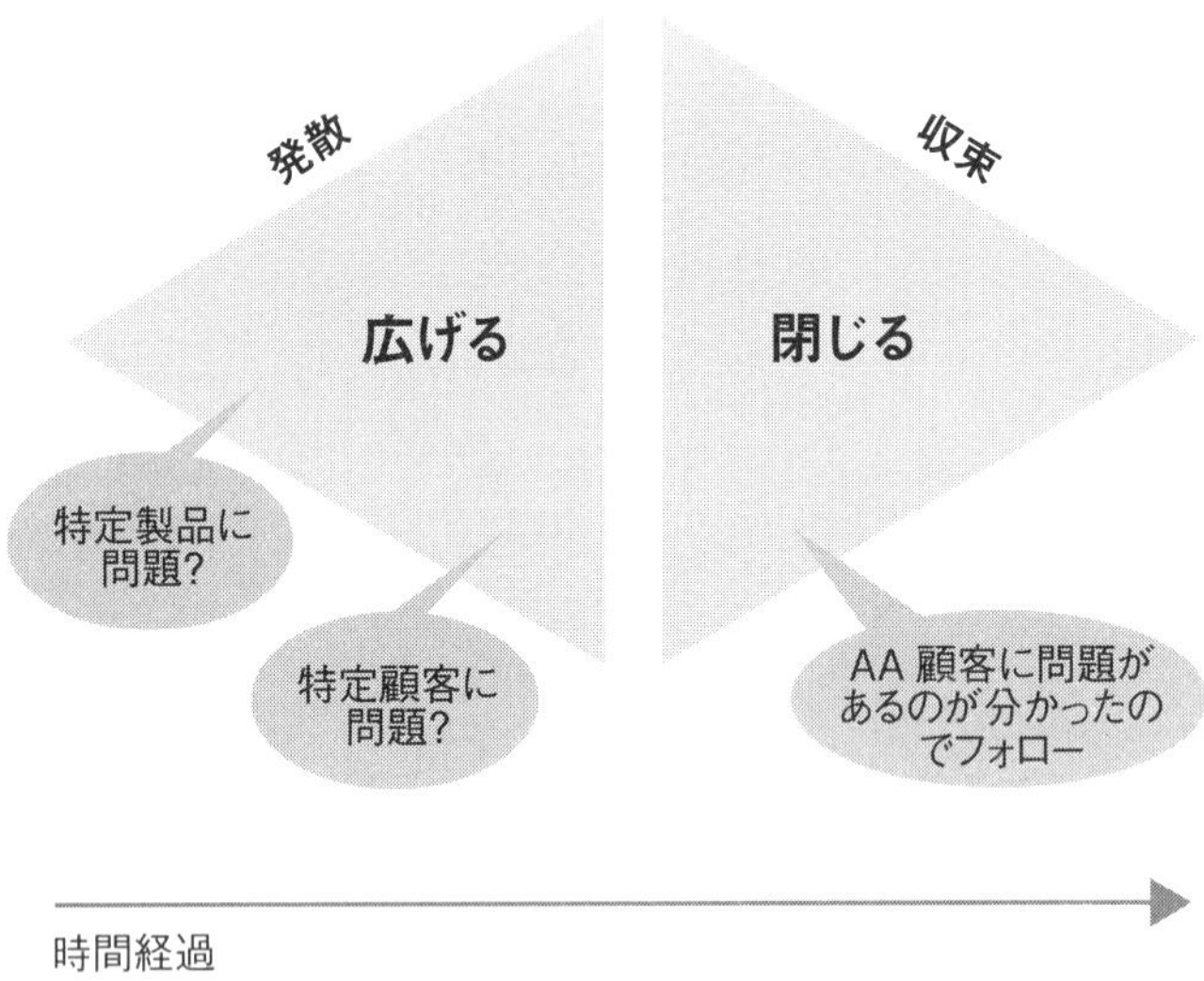

図1-1　広げて閉じるデータ分析

つまり、データ分析は「幅広い情報を発散的に収集し、それを仮説構築や検証を通じて収束させる」一連の思考トレーニングの場でもあります。問いを立てて仮説を構築し、グラフなどを使って素早く検証しながら、複数のファクトを集めて考察・提案へとつなげていく――このサイクルを短いスパンで何度も回せることが大きな特徴です。新規事業のように、アイデアの検証に時間やコストがかかりがちなケースでも、データ分析を活用することで効率的に多面的な検証を行い、その結果を基に新たな視点やアイデアを得られます。これを繰り返すことで、分析スキルはもちろんのこと、次のような能力が自然と鍛えられていきます。

問いを立てる力	データを前に「何が課題なのか」を正しく設定する力
仮説構築力	情報をもとに筋の良いストーリーを組み立てる思考力
多角的視点	グラフや指標を見ながら、異なる切り口や可能性を検討する柔軟性
ファクトベースの判断力	抽象的な思い込みではなく、根拠をもとに方向性を決定する能力
発散と収束のバランス感覚	アイデアを大きく広げつつ、最終的には的確に絞り込むプロセスの習熟
クリエイティブな発想	数字や事実から意外なインサイトを得て、新しい解決策やアイデアを生み出す力

これらはアイデア発想のプロセスとも共通しています。データ探索のなかで思考を広げ、そこから得られた知見をうまく収束させることで、従来にはなかった革新的なアイデアや解決策にたどり着くことができるのです。ワクワクするような発見が生まれるからこそ、データ分析は〝問いから提案へ〟という流れを効率よく学習できる絶好の機会にもなるのです。

ここまでお読みになって、「データ分析にクリエイティブさや楽しさなんて本当にあるの?」と思われる方もいるかもしれません。また、本当にデータ分析の考え方を鍛えることが出来るのだろうかと半信半疑の方もいらっしゃるかもしれません。ですが、実際に〝データを見て、問いを立てて、仮説を検証してみる〟という流れを体験すれば、その面白さをきっと実感でき、考え方のレベルがグッと引きあがるはずです。まるで推理小説のように謎を解明していく快感や、ゲーム感覚で自分が立てた仮説を〝当たっているかどうか〟確かめるドキドキ感は、データ分析の大きな醍醐味です。

ビジネスにおいても、データ分析脳を身につけることで得られるメリットは計り知れません。小さな問いからでもよいので、プロセスを回し、自分なりの結論を導く練習を積み重ねるうちに、「業務で使うデータ=味気ない数字の羅列」ではなく「業務を改善したり、成果を出すためのヒントをくれるパートナー」に見えてくるでしょう。そうなれば、仕事のモチベーションにも直結しますし、自分が行う施策や企画の裏付けをデータを通じて示すことができるようになります。

最初から難しく考えなくて大丈夫です。小さな問いや仮説でも良いので、これから説明するデータ分析脳の5つのステップを小さくはじめ、少しずつ問いを大きくしていけるようにしましょう。問いの大きさが変わっても5つのステップは変わりません。では、「データ分析脳の5ステップを俯瞰する」に入っていきます。

データ分析脳の5ステップを俯瞰する

単なる数字の集計や眺める作業で終わるのではなく、〝問いを立てて仮説を組み立て、検証を重ねて新たな発見を得る〟というプロセスこそが、データ分析の醍醐味でありワクワクを生む原動力だとお伝えしました。そこで本節では、データ分析脳を身につけるにあたって押さえておきたい「5つのステップ」を俯瞰します。

この5ステップとは、

・問い
・仮説構築
・検証
・考察
・提案

という流れです。この5ステップを一連のプロセスとして捉え、循環させることで、データ分析の成果は飛躍的に高まります。逆に言えば、どれか1つに偏りすぎたり、どこかの工程が抜け落ちると、せっかくのデータ分析が思うようにビジネス成果につながらなかったり、自己満足に終わってしまう可能性が高くなります。

ここでは、まず「なぜこれらを一連の流れとして捉える必要があるのか」を明確にしながら、それぞれのステップがどのように関係し合っているのかを見ていきましょう。

「問い→仮説構築→検証→考察→提案」の全体像

「データ分析脳」という言葉を改めて振り返ると、そこには〝データをただ見るだけ〟ではなく、〝分析結果を活用して行動を起こす〟までのすべてが含まれている、という特徴があります。つまり、本書で目指すのは「分析〝作業〟をこなす人材」ではなく、「ビジネスの成果を生み出せる人材」、言い換えれば「データを武器に意思決定や課題解決ができる人材」を育てることです。

そんな〝ビジネスで成果を出すためのデータ分析〟に欠かせない流れが、「問い→仮説構築→検証→考察→提案」の5ステップです。5ステップの概要を簡単に見ていきましょう。（図1－2）

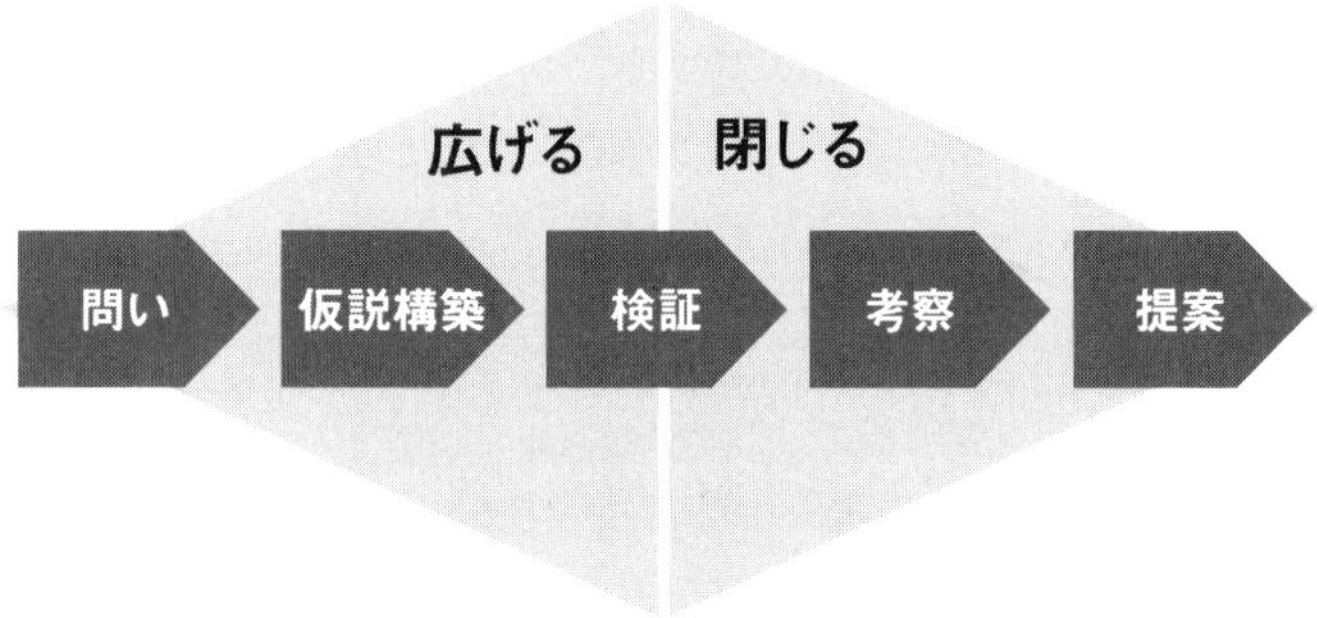

図1-2　データ分析脳の5つのステップ

①問い

まずは、そもそも何を明らかにしたいのかを定義します。「この店舗の特徴は何か？」「なぜ売上が急に伸びたのか？」など、データ分析の出発点となる〝問い〟を設定します。ここがあいまいだと、後の作業が全部ブレてしまうため、データ分析において最も重要と言えるでしょう。

最も重要だと言いながらも、最初はあまり難しく考えすぎなくて大丈夫です。問いをより良くしていくためにも、端的に言えば「疑問を持つ」ことを大事にしましょう。良い問いじゃないんじゃないかと悩みすぎて止まってしまうと、机上で考えているだけに留まり、サイクルを回すことができません。また、ビジネスの現場でよく見かけるのは、問いを立てる人が上司であったり、クライアントであるケースです。最初の内は、上司やクライアントの問いを大事にするのが良いでしょう。それは、自分よりも経験やドメイン知識が豊富であるケースが多く、そういった知識を持っている方が、分析や考える対象に対してよりフォーカスされた良い問いを立てられる可能性が高いからです。10％売上が減少していた際に、「そんなもんか」と思うのと、「なぜ売上が下がっているのか」と問題点として気づけるかどうかは、その人の経験値によるところも大きいでしょう。

ただし、この後の仮説構築にも言えることですが、問いや仮説構築だけをして、データによる検証を行わない場合は、ただのＫＫＤ（勘と経験と度胸）と言われてしまうので注意しましょう。

また、最終的には問いを自分で生み出せるようになるのが重要です。その一歩目は、他人が作成した問いを疑問に思う癖をつけると良いでしょう。上司は「店舗ごとの特徴を明らかにしたい」と言ったが、「なぜなのだろうか？」や「本当に店舗ごとの特徴を明らかにするべきなのだろうか？」などと少し考えてみてください。それにより、なぜ上司がこの問いを持ったのかの気づきにも繋がり、学習速度が段違いに上がるので覚えておきましょう。

②仮説構築

問いに対して、自分なりの答え（仮説）を持ってみる段階です。「おそらく製品カテゴリによって売上差があるのでは？」「特定の時期にセールを行ったからリピーターが増えたのでは？」といった具合に、問いに対して〝こうなんじゃないか〟を言葉にしてみます。ここでは〝データを見てから考える〟場合もあれば、〝まずは頭の中で想像を広げる〟場合もあります。

ここで、少し問いと仮説の違いについて触れておきましょう。問いとは、ある問題や現象について理解を深めたり解決策を見いだしたりするために立てられる出発点となる質問です。問い自体には明確な答えが存在せず、「なぜ売上が減少しているのか？」といった形で問題の所在を示します。問いを立てることで、私たちは未知の領域を定義し、そこにどんな要因が潜んでいるかを探り始めることができます。

一方、仮説はその問いに対する「暫定的な答えや説明」であり、「売上が減少したのは新しい競合が市場に参入したからではないか」というように、ある種の予測や主張を含む形で示されます。仮説はまだ証明されていない考えですから、実際にデータを集めたり、実験を行ったりして、その正しさを検証する必要があります。また、仮説は具体的であるほど検証しやすく、たとえば「競合が増えたことで広告費が減り、結果として顧客への訴求力が下がったのではないか」という形に落とし込むと、どのデータを集めれば答えに近づけるかが明確になります。問いはオープンな状態を保ちながら探求を促し、その問いを踏まえて立てられた仮説が検証の過程で裏づけを得たり修正されたりすることで、私たちは一歩ずつ答えに近づいていきます。両者は密接に連動しており、問いが仮説を生み、仮説が新たな問いを導くという循環を繰り返すことで、問題への理解が深まっていくのです。

問いも仮説構築も最初から難しく考えすぎなくても大丈夫です。問いも仮説構築も小さなサイクルを回すことで、より上位の問いを考えられるようになっていきます。〝データを見てから考える〟場合もあれば、〝まずは頭の中で想像を広げる〟場合もあると述べましたが、最初から取り組むべき問いや仮説が良いものであれば誰も苦労しません。仮説も問いの時と同様に、経験やドメイン知識が豊富な方が良い仮説を生みやすいのは事実です。そのため、私たちがクライアントから依頼されて分析を行う際にはヒアリングを大事にします。深く業務を知っている人にヒアリングして仮説を構築していくのが重要です。そのため、本来であれば、データがあって分析するのではなく、頭の中で想像を広げてデータを選定し分析することが重要なのですが、最初はデータありきでも良いので、そのデータに向き合って仮説を出して検証するサイクルを経験するのが重要でしょう。

③検証

仮説を検証するために、実際のデータを用いて分析作業を行います。たとえば、エクセルやＢＩツールなどでクロス集計を行ったり、グラフを作成したりしながら、「仮説は正しかったのか？」「データ上はどう見えているのか？」を確認します。ここでは「切り口 × 指標」の選び方や、可視化の手法、集計の仕方など、具体的な分析スキルを使って〝仮説の当たり外れ〟を探っていきます。

また、検証の際に押さえておくと良いポイントを1つ説明します。それは、分析というのは基本的に比較であるということです。例えば、「売上が下がっているのはなぜか？」という問いに対して、「特定の製品が最近押されていて売上が下がっているのではないだろうか？」という仮説を構築した場合、「製品別」の「売上」を可視化します。厳密に言えば、売上は製品別に合計したり平均（や中央値）したりの違いも考える必要はありますが、基本的には切り口としての「製品」と指標としての「売上」を選択してグラフを作成することで比較を行い検証していきます。切り口は基本的に顧客区分や年月日などのように文字列的な要素のもので、指標は売上や利益、身長、体重などの数字です。ただし、数字の中には切り口の要素と指標の要素の両面が含まれている場合があるので注意しましょう。例えば、年齢は年齢別に売上を見たいケースは年齢が切り口となりますが、顧客区分ごとの年齢（平均）を見たい場合は指標になります。

自分が分析しようと思った際に、切り口が十分にあるかを確認してください。よくあるのは、「データはあります」と言われるのですが、圧倒的に切り口が少ないケースがあります。指標は「売上が減少しているのはなぜか？」のように問いに含まれるのが一般的なため、データがないというケースはほぼあり得ません。そのためデータがあると勘違いして分析を依頼されますが、仮説を構築していく過程で切り口がないことにより分析できなくなるケースも多いので注意しましょう。（図1-3）

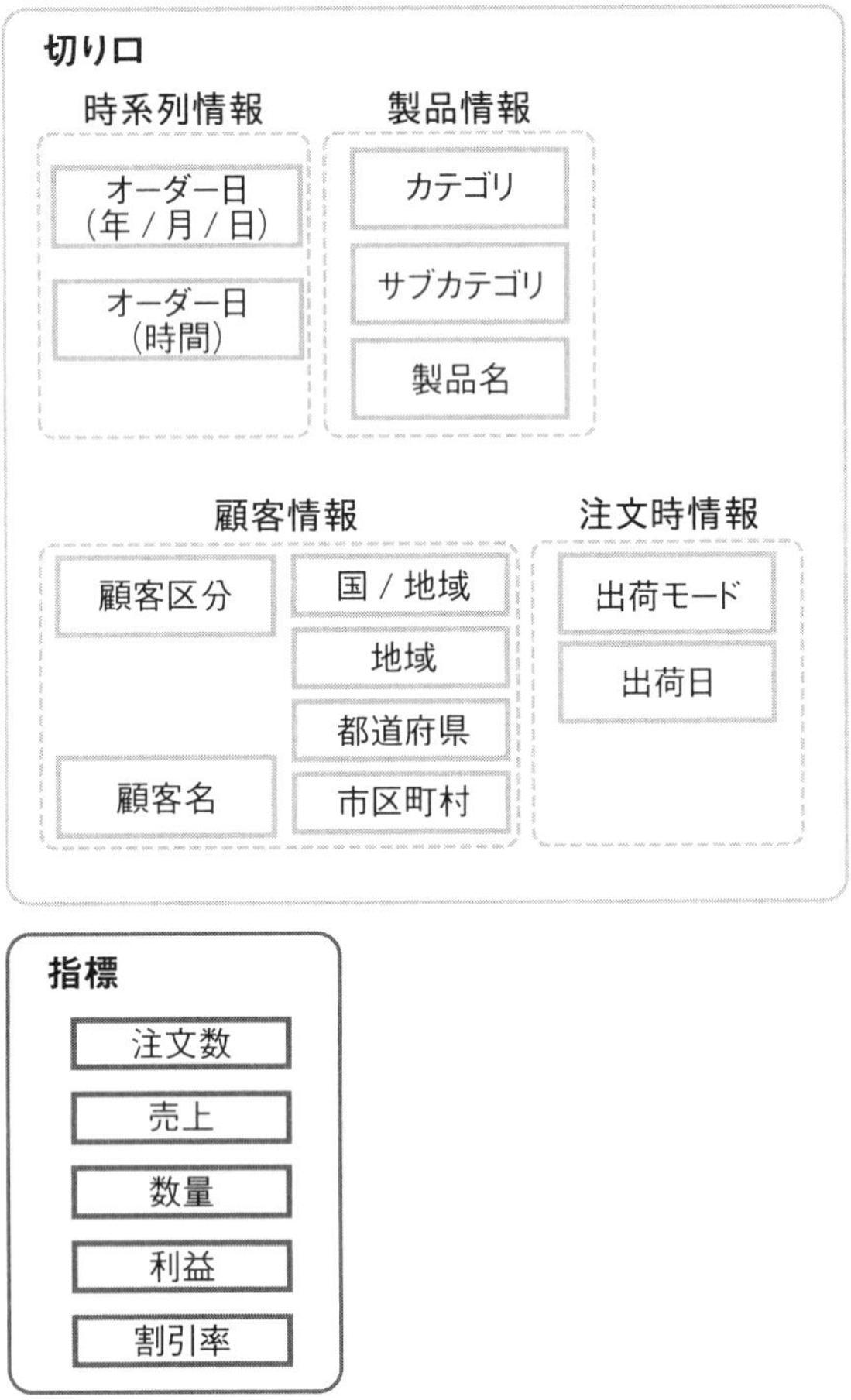

切り口
時系列情報
オーダー日
(年 / 月 / 日)
オーダー日
(時間)
製品情報
カテゴリ
サブカテゴリ
製品名
顧客情報
顧客区分
顧客名
国 / 地域
地域
都道府県
市区町村
注文時情報
出荷モード
出荷日
指標
注文数
売上
数量
利益
割引率

図1-3　切り口と指標

④考察

検証の結果を受けて、「なぜこういう数値が出たのか」「どんな背景要因があるのか」「本来の課題解決にはどんな示唆が得られそうか」などを掘り下げます。場合によっては、「仮説と真逆の結果が出た。どうしてだろう?」と、もう一段深掘りして追加データを見たくなったり、仮説の修正が必要になったりします。ここでは、数字にだけ目を向けるのではなく、マーケット状況や顧客心理、競合動向など、周辺知識も踏まえた分析が重要です。

ここまでくると、仮説と考察の違いが分かりにくくなってきます。考察の結果、また新たに仮説が生まれ検証する流れは多々あります。少しだけ整理しておきましょう。「仮説」とは、データを検証する前に「こういう要因が結果を生んでいるのではないか」と予想を立てる段階です。まだ確定していない〝検証すべき前提〟にすぎず、データや実験によって裏づけを得る必要があります。一方「考察」は、実際に得られた事実を踏まえて「なぜそうなったのか」を解釈・深掘りし、新たな要因や可能性を探るプロセスです。すべてを完全に証明しきれない中で、複数の仮説や情報を組み合わせて現時点での最善の見解を導き、次のアクションや追加検証につなげていくことが重要になります。

実際の分析では、時間やコスト、データの制約などにより「全部を100%検証する」ことはほぼ不可能です。したがって、ある程度検証できた事実と、まだ検証できていない部分を含めて「現時点での最善の解釈」をまとめる必要があります。仮説Aを検証して、ある程度のデータで〝裏付けが取れた〟場合でも、他の要因（仮説BやC）も考えられることが多いです。〝考察〟では、検証結果以外の追加情報や知見を使って、「AだけでなくBも影響しているかもしれない」「ただしCはデータが足りないため現時点で判断しきれない」など、複数の可能性を提示するのが重要です。

⑤提案

考察の結果を、「では具体的にどう行動すればよいのか？」へと落とし込む段階です。「商品カテゴリAの強化施策を打とう」「リピーター獲得のキャンペーンを継続しよう」「売上不振のカテゴリCは一旦在庫調整と販促を再検討しよう」など、実際のビジネス施策に直結するアイデアを提示することで、分析がようやく完結します。ここまで行くと、周囲を説得したり、組織を動かしたりするための材料になるわけです。

以上が5ステップの大まかな流れです。特に考察や提案が不足しがちなケースは多いですが、本書では一連のプロセスを最後まで回すことを強調していきます。どこか1つのステップだけに偏るのではなく、常にこの5ステップを意識して循環させる──これがデータ分析脳を育てる鍵なのです。

各ステップの相互関係と循環のイメージ

この5ステップは、単に〝直線的〟に1→2→3→4→5と進むだけではありません。実際には、何度も「戻り」が生じます。たとえば、仮説を検証しているうちに新たな疑問が生まれたり、考察している過程で別の仮説を試したくなったり、提案をまとめる段階で「もっとデータが必要だ」と感じて再度検証し直したりなど、実務上はさまざまな往復が発生します。仮説や考察の境界線が曖昧なのも、仮説構築と検証をいくつか行い、ミニ考察を行うことでまた新たな問いや仮説に立ち返りサイクルしていくからです。

しかし、それがむしろ〝正常〟であり、自然な姿です。データ分析は、一度の分析で完璧な答えを導き出すというよりも、〝試行錯誤を繰り返すプロセス〟と言えます。先ほど挙げた例においても、

問い→仮説構築→検証→（結果が出た後にまた）問い→仮説構築→検証→…

といった具合に、ぐるぐると循環を重ねていく。こうしてサイクルを回すうちに、より質の

高い知見が得られたり、上位レベルの問いへと昇華したりしていくわけです。これを〝データ分析脳の循環〟と捉えていただくとよいでしょう。

特に初心者にとっては、一度で大きな分析を完結させようとすると、どうしてもハードルが高く感じられます。「そもそも問いの立て方がよくわからない」「どんな仮説を持てばいいのか迷ってしまう」「データが膨大すぎて、どこに注目すればいいのかわからない」などなど、問題点が山積みになりがちです。そこで、本書が提案するのは〝まずは小さな問いから始めて、5ステップを小さく回してみる〟というアプローチです。

たとえば、第2章で扱うように、「ECサイトの売上データがあるけど、まずは月ごとの売上推移を見てみるか」「売れている商品カテゴリだけでもザッとチェックしてみるか」といったライトな分析からスタートする。すると、小さな「なるほど、カテゴリAが売上の大半を占めているんだ」という気づきが得られます。それに伴い、「そもそもカテゴリAってどういう層が買ってるの？」「他のカテゴリとの比較は？」という次の問いが生まれる。ここで再び仮説を立て（例えば「カテゴリAを買っている人は20代女性が多いのでは？」）、データで検証してみる――という流れです。

このように〝回転を細かくする〟ことで、分析に対する心理的なハードルが下がり、同時に

〝データ分析って面白いかも〟という感覚が培われやすくなります。最初から完璧を求めず、あくまで「小さく回して次の問いを見つける」→「また小さく回す」→「着実に考察・提案につなげる」というスタンスで進めましょう。

本書の狙いと学習ロードマップ

これまでの内容で、「データ分析はクリエイティブで楽しく、問いや仮説構築、検証、考察、提案までを一連の流れとして捉えることが重要」であること、そして「初級者が陥りやすい分析の罠」について確認してきました。ここでは、今後の章で具体的にどのように〝データ分析脳〟を身につけていくのか、本書全体の構成と学習フローを俯瞰してみたいと思います。

また、本書を通じて「小さな問いを回す大切さ」と「視座を上げるプロセス」の両方を学んでいただくことが狙いですが、その結果としてどのようなビジネス・キャリア上のメリットが得られるのかについても、ここであらためて整理します。これを読むことで、「自分はどの段階を目指しているのか」「この先の章でどんな知識・スキルを吸収できるのか」がより明確になるはずです。

小さな問いを回して体験する重要性

前章までに度々登場したキーワードが、「小さな問いから始める」というアプローチです。これは、本書全体を通じて繰り返し強調しているポイントでもあります。なぜ、まずは〝小さな問い〟なのでしょうか。その重要性を以下に整理してみます。

①完璧な問いは最初から作れない

多くの人が最初に直面するハードルとして、「どうやって〝良い問い〟を立てればいいのか分からない」という問題があります。たとえば「売上を伸ばしたい」「顧客満足度を上げたい」といった壮大なテーマが頭に浮かんでも、それを〝問い〟とするにはやや抽象的で、すぐにアクションに落とし込みにくいものです。

ところが、〝まずは手元にあるデータを眺めながら、小さな疑問を挙げてみる〟という方法を取ると、「あれ？ このカテゴリだけ売上が急増してるのはなぜ？」「地域別だとどうなんだろう？」といった具体的で手を動かしやすい問いが自然と浮かんできます。こうした〝小さな問い〟なら、すぐに仮説構築や簡単な検証に進めるため、〝考える→やってみる〟のサイクルをテンポよく回せるのです。（図1－4）

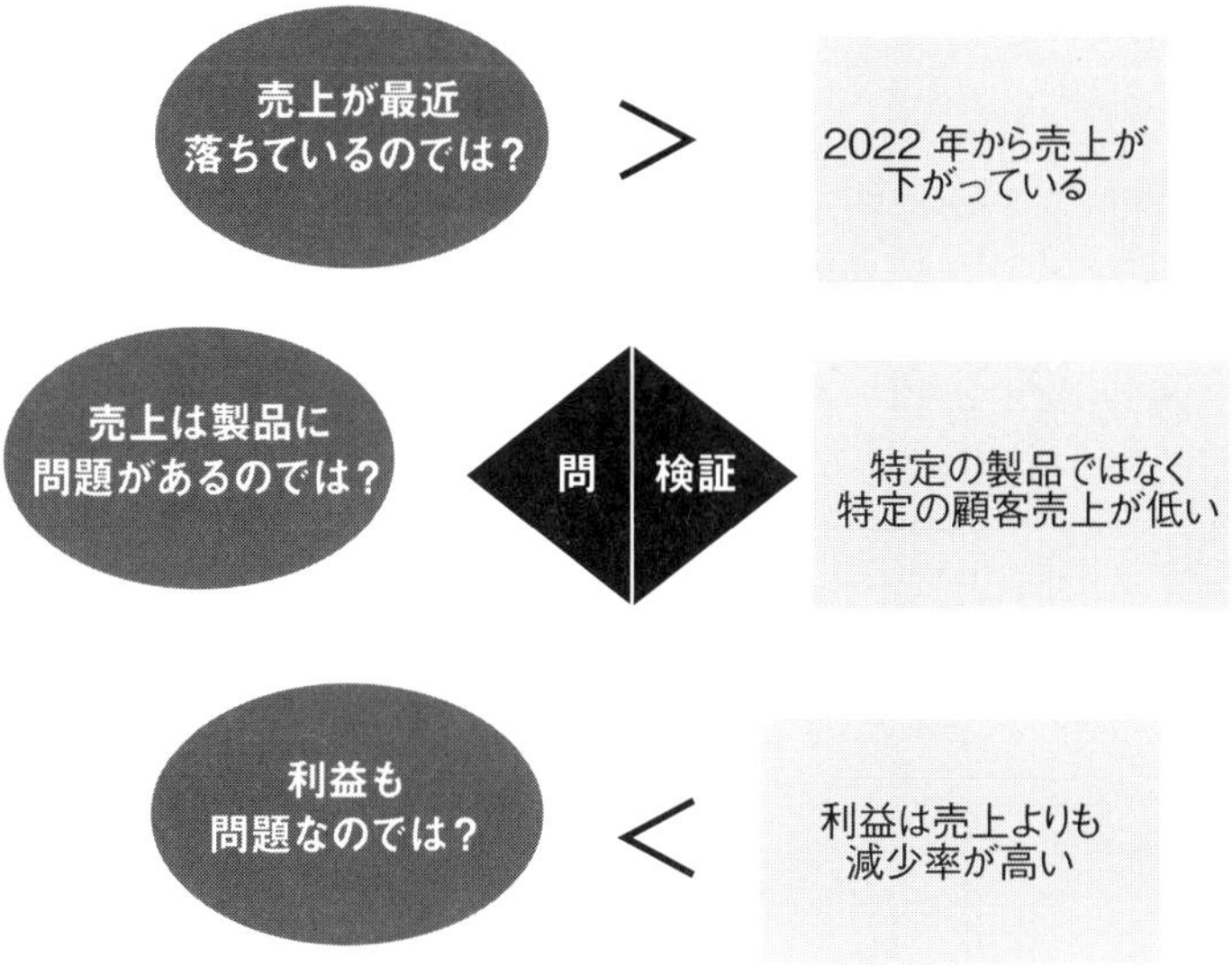

図1-4　問と検証が新たな発想を生む

② 〝問い↓仮説構築↓検証↓考察↓提案〟を体で覚える

データ分析は、知識として学んだだけではうまく使いこなせません。実際に問いを立て、仮説を試し、グラフ化し、失敗と成功を繰り返す中で、〝分析の五感〟が研ぎ澄まされていきます。これはスポーツや楽器演奏と同じで、理論を学ぶだけでなく「とにかく実践で体感する」ことが欠かせません。

小さな問いであれば、失敗してもリスクが小さく、すぐに結果を見て修正できます。分析初心者ほど、この〝小刻みな練習〟を積み重ねることで、5ステップ（問い↓仮説構築↓検証↓考察↓提案）の一連の流れを自然にマスターしていけるのです。

③ 問いのレベルは〝回す〟ことで徐々に上がる

小さな問いを回していくうちに、必ず「もっと大きなテーマを見てみたい」という欲求が湧いてきます。たとえばECサイトのデータに慣れたら、「そもそもこのECビジネスはどう差別化すればいいんだろう？」「新規顧客とリピーター、それぞれに対してどんな施策が有効なんだろう？」といった、もう少し抽象度の高い問いに行き着くかもしれません。

この自然な〝問いの進化〟こそが、データ分析脳が育っているサインです。はじめは小さくても、サイクルを回すほど「もっと深い疑問」「より上位の課題」へ切り込めるようになるのです。

次章以降の構成と学習フローの概説

本書は、「小さな問いから始める実践編」から「考察・提案でビジネス成果に結びつける方法」、さらに「視座を上げた高度な分析アプローチ」へとステップアップしていく流れになっていきます。具体的には、次のような三段階を意識しながら学習できる構成です。

①まずは〝データありき〟で小さな問いを回す（第2章〜第3章）

手元にあるデータを使って、実際に問いを立て、仮説を検証するプロセスを体験します。初心者でもとっつきやすいシンプルなグラフやクロス集計を用いつつ、データ分析の楽しさを実感し、考察や提案につなげる大切さを学びます。

②小さなサイクルの中で〝考察・提案〟を習得する（第3章）

得られた検証結果を、ビジネス施策や組織の意思決定へ落とし込む方法を掘り下げます。「Ｗｈｙ?」や「Ｓｏ ｗｈａｔ?」と問いかけながら、数字の背景にあるストーリーを探り、実践的な提案までまとめる力を身につけます。

③視座を上げてより質の高い問いに挑む（第II部）

データの前提や活用範囲を広げ、ビジネスモデル全体や上位課題（顧客体験の向上、新規事業開発など）を視野に入れた分析にステップアップします。

さまざまな可視化手法や外部データの活用、組織全体の目標やビジョンとの接続など、高度な視座でデータ分析脳を発揮する方法を学びます。

このような流れで、まずは「小さな問い」を軸にしたサイクルを何度か回して分析の土台を築き、その後に〝もっと大きな問い〟や〝戦略的なテーマ〟にアプローチしていけるようになるのが本書の狙いです。実際の現場でも、こうした段階的なスキルアップが自然な学びのプロセスとなるはずです。

データ分析脳を身につけることで得られるビジネス・キャリアへのメリット

ここまで紹介したように、本書は〝小さな問い〟から始まり、最終的にはビジネス全体を俯瞰し、大きな課題にも取り組めるようになるプロセスを解説しています。では、こうした「データ分析脳」を習得すると、具体的にどのようなビジネス・キャリア上のメリットがあるのでしょうか。

①論理的根拠を持った意思決定ができる

「なんとなくこうした方がいい気がする」ではなく、「データを見ると○○が顕在化しており、実際に仮説を検証した結果、○○の施策が有効とわかったので提案します」という形で意思決定ができます。周囲からの信頼度も高まりますし、プロジェクトを前に進める推進力になるでしょう。

②組織やステークホルダーを説得しやすい

データに基づく提案は説得力があります。感覚や勘に頼らず、数字の裏付けを示すことで上司や経営層、他部署を巻き込みやすくなります。「自分の意見を通す」ためのツールとしてだけでなく、「関係者を納得させ、一緒に動いてもらう」ためのコミュニケーション手段になるのです。

③マーケットや顧客の変化に素早く対応できる

データ分析のサイクルを普段から回していると、「売上が急に落ちた！　なぜ？」といった緊急事態のときでも、冷静に原因を探り、対策を検討しやすくなります。仮説構築や可視化のスキルがあれば、新しいデータや状況にも柔軟に対応可能です。

④新たなビジネスチャンスを見つけられる

視座を上げてデータ分析に取り組むと、「自社の強み・弱み」「顧客が本当に求めている価値」などがクリアになり、これまで見えていなかった新しい事業機会や顧客ニーズを掘り起こせることがあります。分析結果をＰｏＣ（Proof of Concept）に繋げる動きも加速しやすく、イノベーション創出のきっかけになるでしょう。

⑤キャリアアップ・スキルアップに大きく貢献

現在、多くの企業が「データドリブン経営」「デジタルトランスフォーメーション（ＤＸ）」を重要視しています。その一環で、データを使って問題解決や新規施策をリードできる人材の需要はますます高まっています。データ分析脳を身につけ、一定の実績を重ねることで、将来的にプロジェクトマネージャーや新規事業リーダーなど、より幅広いキャリアパスが開けるでしょう。

本書を使った学習の心構え

一度で完璧に身につけようとしない

データ分析は経験を重ねるほど深みが増す領域です。第2章・第3章を経て実際に小さな思考のサイクルを何度か回してみて、その上で第4章以降で視座を上げた分析に挑戦してみる、というステップを踏むのが自然です。

・必ず〝自分の問い〟を持って読む

できれば本書を読みながら「自社のデータ」や「自分が興味を持っている分野のデータ」を用意し、「第2章を参考にしてちょっと集計してみよう」「第3章の考察ステップを真似してみよう」と実践してください。自分の問いをベースにした学習ほど身に付きやすいものはありません。

・チームや周囲とのコミュニケーションを大切に

データ分析はチーム戦でもあります。自分だけで完結しようとせず、社内や取引先、あるいはユーザー・顧客の声を聞きながら進めると、データの背景がより一層クリアになるでしょう。第3章で扱う「提案」にも繋がりやすくなり、分析結果が活きた施策へ結びつきます。

まとめと次章へ

本書の第1章は、データ分析脳のエッセンスと全体像を俯瞰する章でした。もし読みながら、「なんだか意外と楽しそう」「分析というより、探究ごっこみたいでワクワクする」と思っていただけたなら大成功です。

分析ツールの使い方や理論的な話はもちろん大切ですが、それ以上に「自分の頭で問いを立て、仮説を試し、結論を導き、それを提案する楽しさ」を知ることが、一番のモチベーションになるでしょう。

次章以降では、その「小さなワクワク感」を実践レベルで育てる方法を紹介します。どうぞ気軽な気持ちで、「自分ならこんな問いを立ててみたい」「このデータをこういう切り口で見たら面白いかも！」といったアイデアを浮かべながら読み進めてください。やがてその〝小さな問い〟が積み重なって、思いもよらない大きな成果に繋がる日が来るかもしれません。

それでは、次の第2章「小さな問いから始めるデータ分析−体験編」で、実際の〝分析サイクル〟に触れてみましょう。ステップバイステップの解説を通じて、データ分析脳の初歩を身につけていきたいと思います。あなたのビジネスの現場や興味のある分野にも、ぜひ応用してみてください。

第2章 小さな問いから始めるデータ分析脳

―問い／仮説構築／検証―

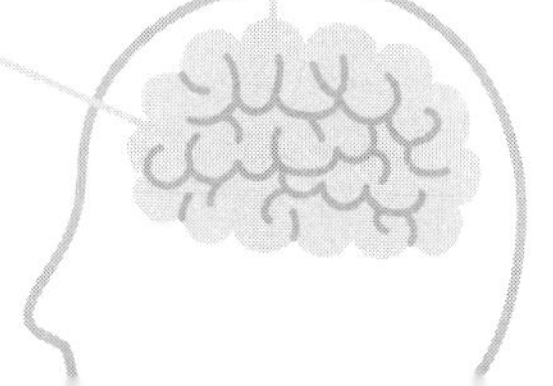

1章で、「データ分析は単なる数字の集計にとどまらず、問い→仮説構築→検証→考察→提案というプロセスが肝心」であること、そして「小さな問いを回す大切さ」について学んできました。では、実際にどのように〝小さな問い〟を立て、データを使って分析を始めればいいのでしょうか。本章では、具体例として〝ECサイトの売上データ〟をテーマに、初心者でもとっつきやすい手順を示していきます。まずは「データの特徴を掴むというテーマで『問い』を立てる」ことからスタートしましょう。それは、データありきの思考ですが、トレーニングの第一歩としては非常に重要です。

データを前提に「問い・仮説構築・検証」サイクルしてみる

本来であれば、データ分析には目的が存在します。社長からの「売上が下がっているから何とかしてくれ！」という話であれば、データを用いて売上減少要因を明らかにして、施策を打つことで売上を回復させることが目的となります。そのためには、なぜ売上が下がっているのかという問いに対して、売上に影響している要因の仮説を立てることで、初めて必要なデータが明らかになります。このプロセスを踏むことが、効率的に答えを導きだすポイントとなります。しかし、ここでは非効率ではあるけども、使うデータが決められている前提で問い／仮説を立てて検証するサイクルを考えてみましょう。

使うデータが決められている前提というのは、プロジェクト全体を考えると、データの海に溺れてしまうのであまり推奨されていないことが多いです。実際、「こういったデータがあるんだけど何かに活用できない？」などで始まるプロジェクトは失敗に終わることが多々あります。しかし、プロジェクトの目的がはっきりしている中で、プロジェクトリーダーが使用するデータを決定してくれた場合、一番最初にやることは、使用するデータを正しく把握することです。そのため、新米データサイエンティストは、まずデータと向き合ってデータからビジネスの特徴を掴めるようになることが非常に重要であると感じています。プロジェクト全体としての問いや仮説は大事ではありますが、それよりも小さなところから始めるためにも、使用するデータを前提に考えてみましょう。

データがある場合の問い／仮説の第一歩

データが決まっている場合の問いの基本は、「このデータの特徴はなにか?」です。もし、具体的に売上低下などの要素がある場合は、「このデータから売上に影響しそうな特徴はなにか?」などのように具体化するのも有効でしょう。まだ、何もデータを可視化していないので、それ以上の問いは生まれにくいでしょう。1章でも述べましたが、本来は問いが良質であることは重要ですが、経験やドメイン知識も重要になってきます。経験やドメイン知識をいち早く身につけるためにも、問いを立てるということを意識しておくだけで今は十分です。データ分析のサイクルを回していくと、人よりも早く良い問いを生みやすくなるでしょう。

では、データが決まっている場合の仮説構築はどうでしょうか。それは、まず列名を確認して切り口と指標から想像してみることです。1章の説明でもあったように、そもそも検証とはグラフを作成して比較をすることであり、グラフを作成するということは切り口と指標を組み合わせて可視化することです。ということは、データが決まっている場合は、基本的に列名の組み合わせで仮説が決まります。

ECサイトの売上データの場合は、たいていのデータでは、「顧客情報」「製品情報」「年月日」が中心で、どんな顧客がいつどんな製品を買ったのかのデータになっています。そのため、切り口は「製品区分」「売上年月日」「顧客区分」「顧客の都道府県」などがあり、指標に「売上」「利益」があったりします。「このデータから売上に影響しそうな特徴はなにか？」という問いを考えた場合、「顧客区分ごとに売上に差があるんじゃないか？」「特定の時間帯の売上が大きいんじゃないか？」など組み合わせによっていろんな仮説が生まれてきます。ここでドメイン知識や経験があって、例えば、ECサイトは夜の10時から売上が伸びることを知っていた場合、「特定の時間帯の売上が大きいんじゃないか？」という仮説よりも具体的な「夜10時からの時間帯の売上が大きいんじゃないか?」という仮説になったりします。しかし、最初からこのようなことは分からないので、仮説が抽象的であってもここではあまり深く考えすぎずに、検証を進めながら自分の知見を増やしていくのが良いでしょう。(図2-1)

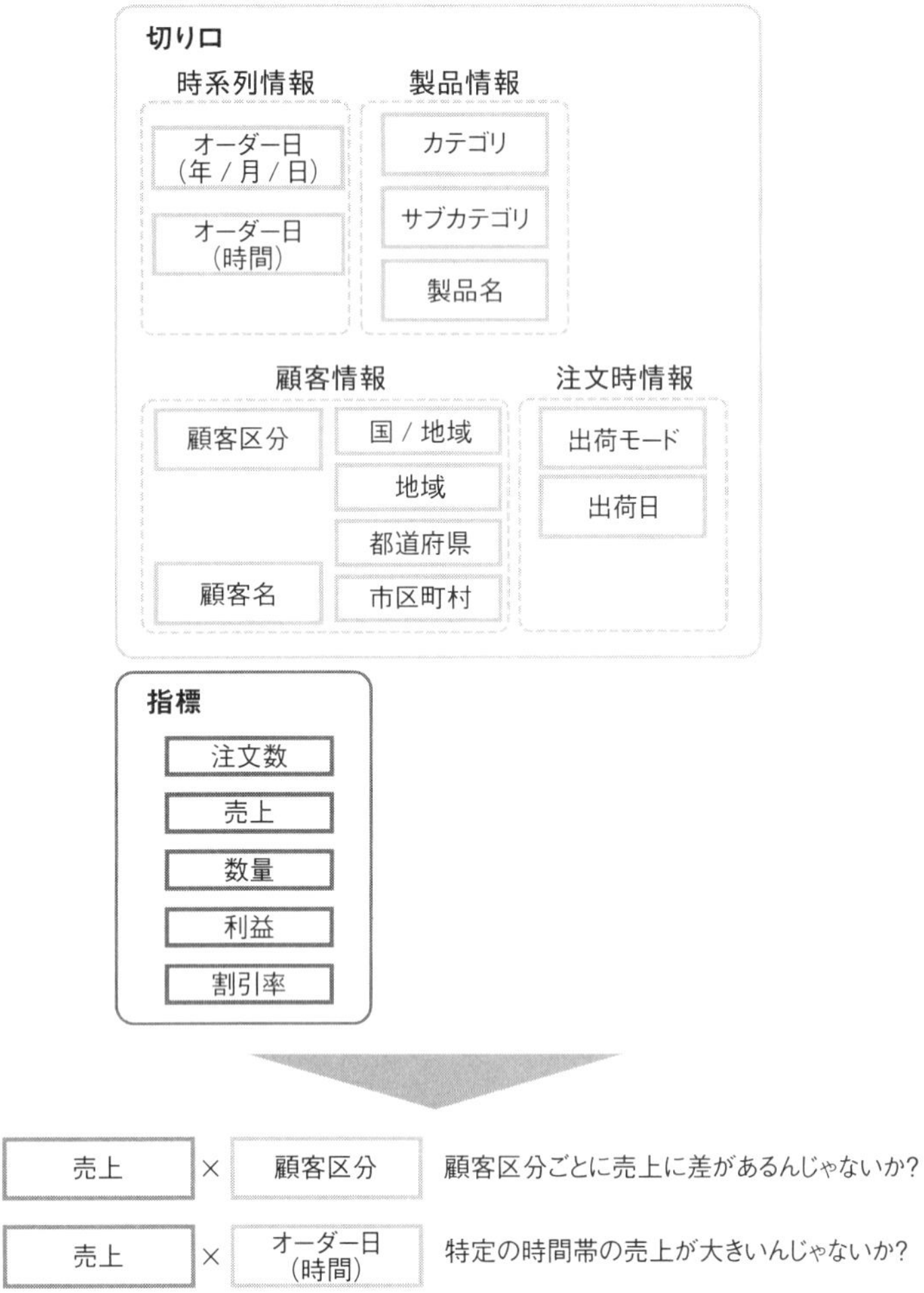

図2-1　切り口と指標から仮説を考える

検証からまた新たな仮説へ

さて、データが既にあって仮説まで生まれたらあとは検証していく作業です。これは、仮説を切り口と指標に分解する作業です。端的に言えば、グラフ作成は「縦軸」「横軸」「色」に切り口と指標を選択する作業です。この際に、横軸、縦軸のどちらかが指標にならないといけません。例えをいくつか挙げると、縦軸に「売上（合計）」という指標を、横軸に「製品区分」という切り口を入れてあげると、縦向きに伸びる棒グラフとして製品区分毎の売上の比較が可能です。先ほど挙げた仮説の「特定の時間帯の売上が大きいんじゃないか？」を分解するのであれば、時間帯が切り口で、売上が指標です。横に伸びる棒グラフであれば、横軸に「売上」、縦軸に「時間帯」を入れてあげると横棒グラフが作成できます。ここでは、グラフの種類やどんな時にどのグラフを選択するのかは説明しませんが、人に見せないのであれば、棒グラフと折れ線グラフと散布図でほぼ事足ります。あまりグラフを作成することに時間を使うのではなく、自分の思考スピードとグラフ作成スピードがなるべく近くなるようにクイックでシンプルなグラフ作成を心がけるのが良いでしょう。（図2-2）

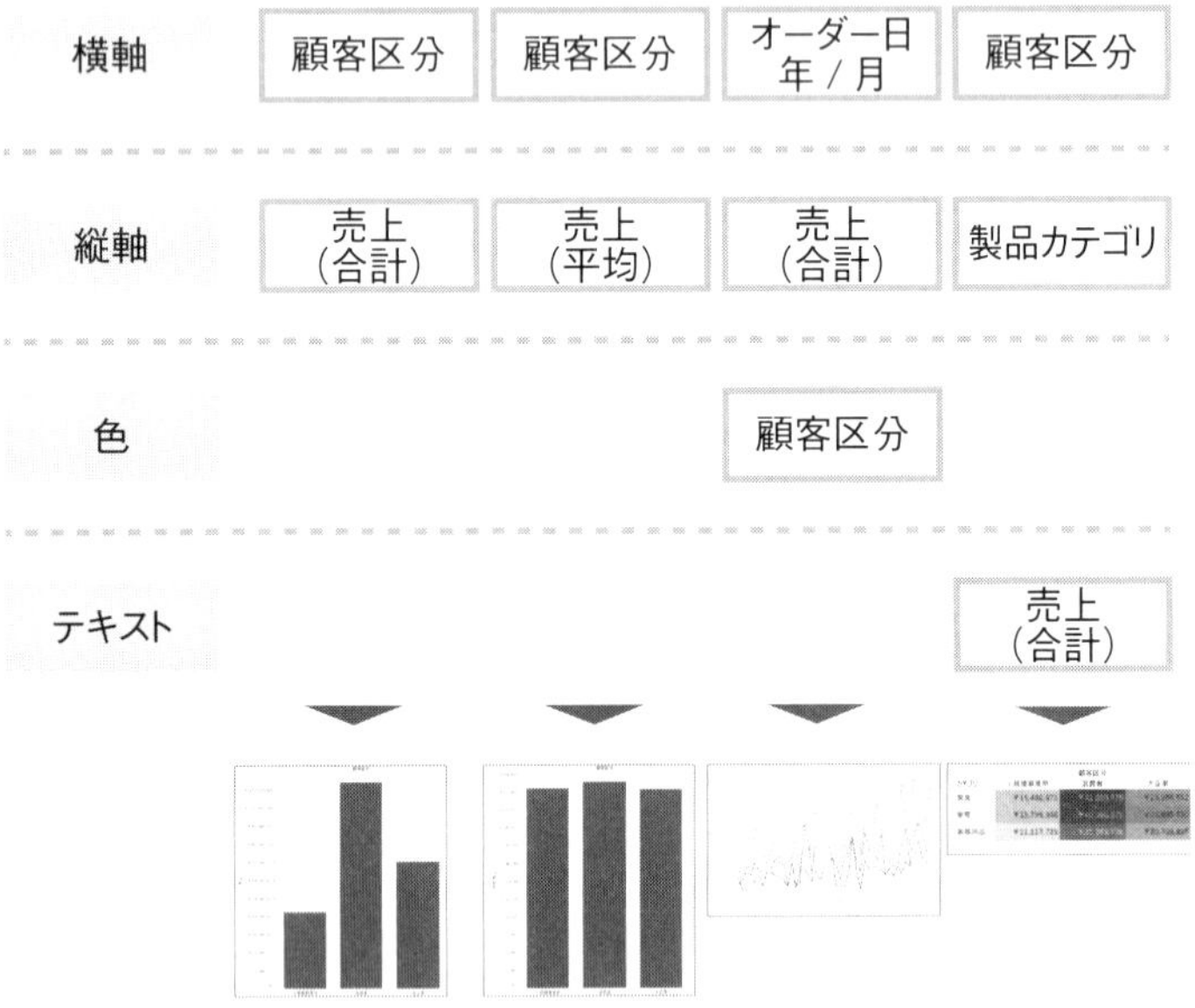
横軸
顧客区分
顧客区分
オーダー日
年 / 月
顧客区分
縦軸
売上
(合計)
売上
(平均)
売上
(合計)
製品カテゴリ
色
顧客区分
テキスト
売上
(合計)

図2-2　グラフ作成とは

また、仮説によっては、切り口が複数になるケースがあります。「顧客区分ごとに時間帯の売上傾向が異なるのではないだろうか？」などの仮説は、「顧客区分」「時間帯」という2つの切り口と「売上」という1つの指標からなります。その場合、例えば、縦軸に「顧客区分」、横軸に「売上」を入れた上で、色に「時間帯」を指定してあげると、顧客区分ごとにどのような時間帯の売上が大きいのかが色で見て取れます。このように、切り口の数を増やすことでより複合的な要因の比較が可能となりますが、切り口の数が増えれば増えるほどグラフが複雑になり、逆に知見が得にくくなるので、なるべくシンプルなグラフを複数作成していくのをお勧めします。（図2-3）

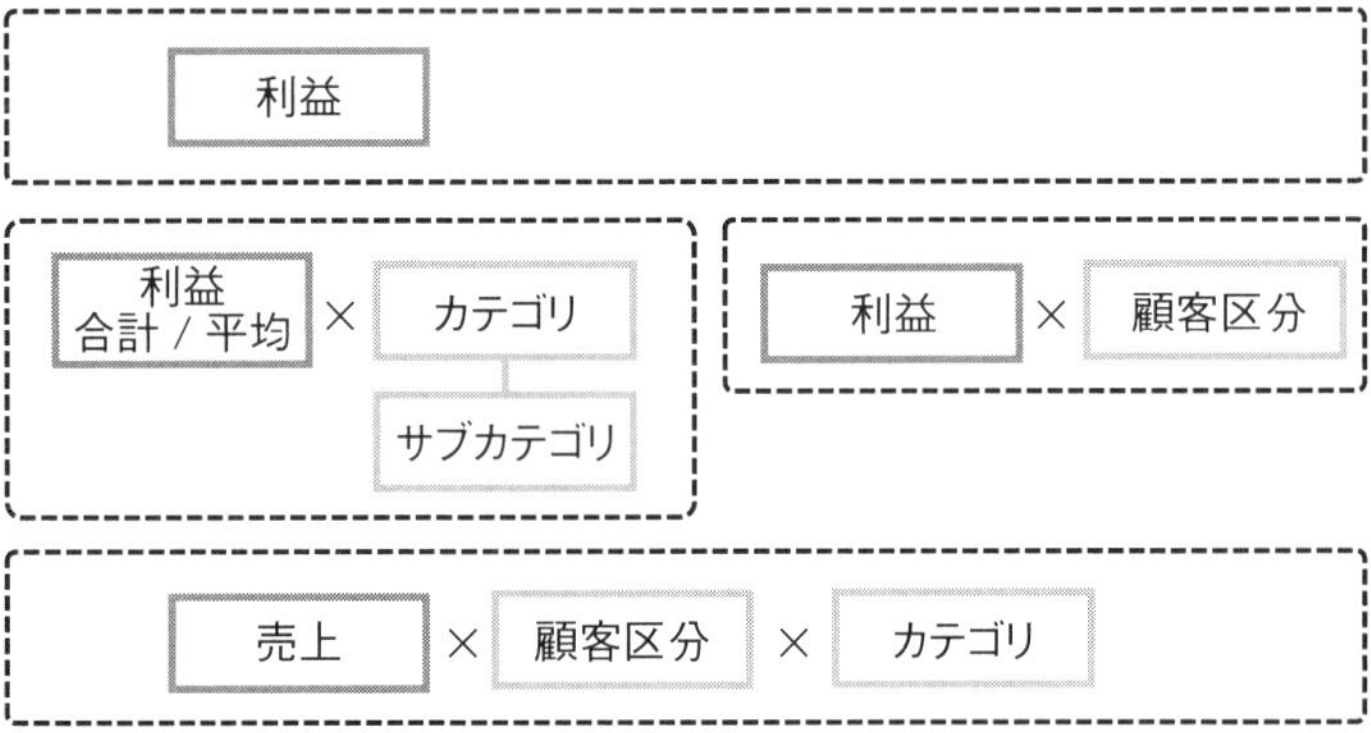

図2-3　複数の切り口

また、見たい切り口のデータ種類が多い場合も検証が複雑になります。例えば、顧客数が千（1000）社あった場合に、「顧客名」と「売上」のグラフを作成しても、トップ10企業などは分かりますが、傾向の解釈は難しくなります。その場合、「顧客区分」のように、大企業、中小企業、個人事業のような3つに区分されるような切り口を作成します。切り口のデータ種類は、多くても10個以内に留めた方が比較しやすいと思います。このように、切り口をグループ化することも重要なので覚えておくと良いでしょう。例えば、売上ランキングを顧客ごとに10分割して、売上による顧客区分という切り口を作成して傾向を見るなども有効です。（図2－4）

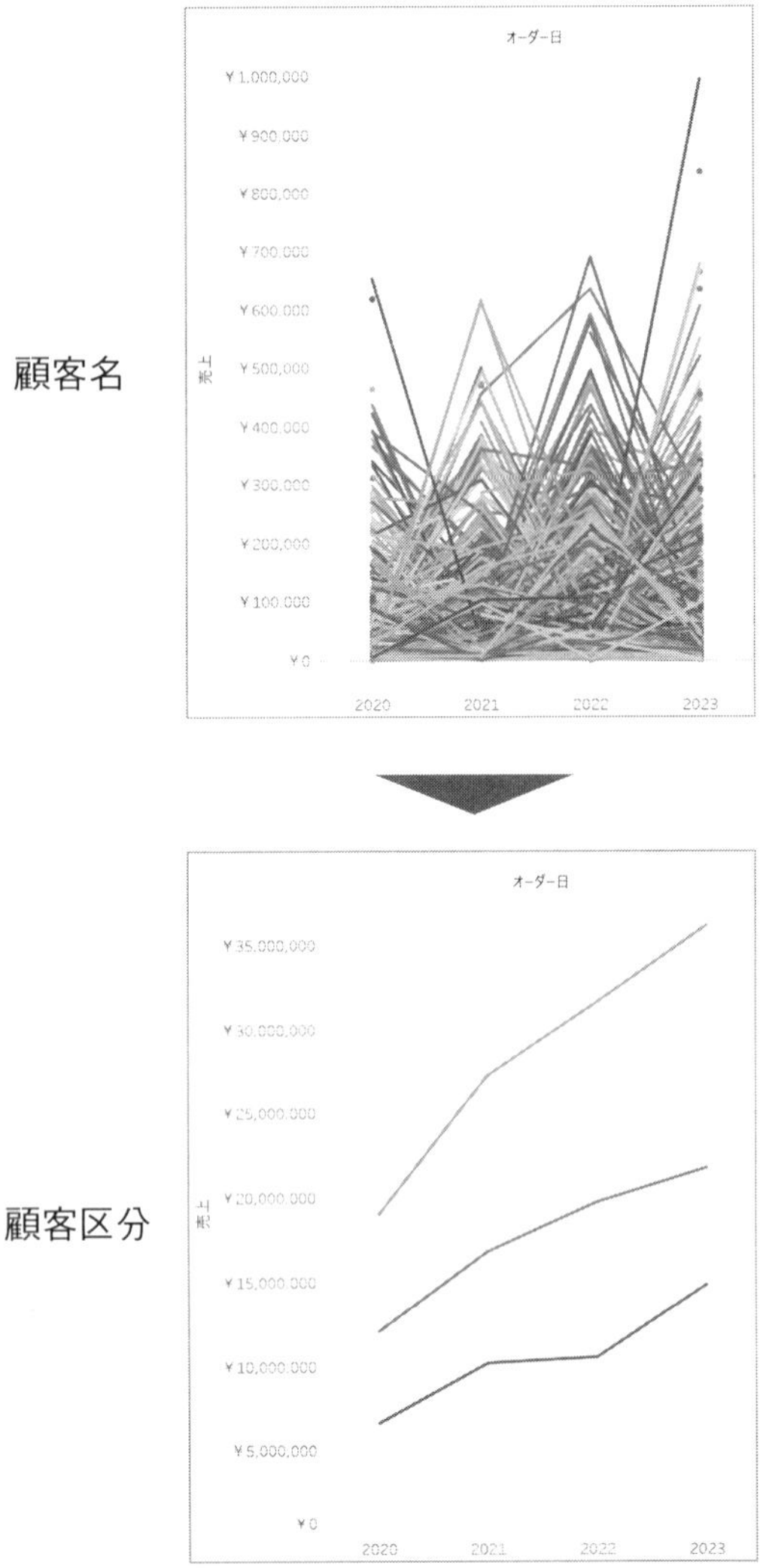
顧客名
オーダー日
¥1,000,000
¥900,000
¥800,000
¥700,000
¥600,000
¥500,000
¥400,000
¥300,000
¥200,000
¥100,000
¥0
売上
2020
2021
2022
2023
顧客区分
オーダー日
¥35,000,000
¥30,000,000
¥25,000,000
¥20,000,000
¥15,000,000
¥10,000,000
¥5,000,000
¥0
売上
2020
2021
2022
2023

図2-4　切り口の作成

さて、このように立てた仮説に対して、グラフを作成して検証を行うと、また新たな仮説が生まれます。例えば、顧客区分ごとに売上に差があった場合、では、「顧客区分かつ製品ごとに売上に違いはあるのかもしれない」などのような仮説が生まれます。グラフを作成して検証する作業は、単純に確認するだけに留まらず、新たな仮説を生むことにもつながります。また、それは問いに対しても同様です。今回は、「このデータの特徴はなにか？」という問いであったかもしれませんが、データの特徴を把握していく中で、「なぜ特定の顧客で売上が下がっているのか？」などのように新たな問いを生む可能性があることは容易に想像できるのではないでしょうか。それが、もしかしたらプロジェクト全体の目的である「売上が下がっている要因は何か？」の答えに繋がっていく可能性もあるのです。

いかがでしょうか。使用するデータが決まっている場合やデータありきで考える場合は、データ分析脳のステップでいうところの最小単位だと思います。もちろん、分析プロジェクトにおいては、当然目的に沿った形で分析していくのが最も良いですし、良い問いた仮説を起点にするのが最も良いに決まっています。しかし、悩んで進まないよりも、あるデータから考えるアプローチがあっても良いですし、データと向き合うという意味では、データ分析における最も基本的な最小単位なのです。問いにしても仮説にしても、小さくても抽象的でも良いから、自分で立てて検証するのが重要です。最初は、上司から言われた問いかもしれないし、現場の人の知見から生まれた仮説かもしれないです。でも、そこに「問い」と「仮説」があるという意識が良い「検証」を生むことになります。「このグラフを作成しておいて」といわれて作業するのだけでは、ただのグラフを作成するという作業を代替しているにすぎません。しっかり、問いと仮説に対してグラフを作成することで、学習サイクルが回っていきます。

「問い」「仮説構築」「検証」

本章で言いたいことは前節でほぼすべてではありますが、さらに汎用的に考えられるようになるために「問い」「仮説構築」「検証」の基本的な考え方を説明します。少し、抽象的な概念もありますが、ポイントを押さえていきましょう。

「いきなり良い問いや仮説は作れない」から始めよう

多くのビジネスパーソンが抱える悩みとして、「良い問いが思いつかない」「問いが抽象的で、どこから手をつければいいのか分からない」「良い仮説ってどうやって作るの?」という声があります。たとえば、「売上を伸ばすにはどうしたらいいか?」や「新規顧客を増やすには?」

など、ビジネス上の大きなテーマはあっても、そのままでは広すぎるのです。

①大きなテーマを細かく刻む

そこで最初に意識したいのは、「大きなテーマを一気に解こうとしない」ことです。もし「サイトの売上が伸び悩んでいる」という悩みがあっても、そこから一足飛びに「どうやって売上を伸ばすか?」を問いにしてしまうと、考えられる切り口が膨大になり、手が止まってしまう可能性が高いでしょう。

このとき、〝売上の内訳〟や〝期間ごとの変化〟、〝製品カテゴリ別の傾向〟といった小さな視点に着目すれば、「最近、カテゴリAは伸びているのに、カテゴリBは伸びないのはなぜ?」「直近3ヶ月でリピーターが増えているのは本当?」など、より具体的かつ手の届く範囲の問いが浮かんできます。この〝小さく刻む〟作業は、初心者だけでなく経験者でも常に大事なポイントです。

②とにかく数値をざっくり俯瞰してみる

前述したように、「データありきの思考」では、まず手元のデータをパラパラと眺めてみる段階を重視します。いきなり深い分析に踏み込むのではなく、売上の全体像や期間別の推移、顧客属性など、大まかに数字を確認してみましょう。

たとえばエクセルであれば、「ピボットテーブルで雑に集計して、月ごとの売上推移を見てみる」「製品カテゴリを軸に合計売上を並べてみる」程度の簡易な集計でもOKです。ここで何か「ん?この数字はなんだろう」と違和感や面白さを感じたら、立派な〝小さな問い〟の種になります。

また、せっかく前節で、使用するデータが決まっている場合のサイクルを体験したので、それを起点に少し考えてみましょう。データの特徴を掴んでいく中で、まず〝定番〟となる3つの視点を紹介します。これはサイトの売上データに限らず、どんなビジネスデータでも応用できるので、自分の扱うデータにも当てはめて考えてみてください。

【期間・時系列の変化を眺める】

「いつの売上が伸びた(または伸びない)のか」を見ることは、最もシンプルかつ有益な出発点です。月別、週別、あるいはセールの有無など、時間軸を区切ってみると、施策やイベントのタイミングと売上変動が結びつくヒントが見えるかもしれません。

例：「なぜ2月だけ売上が急増している？」「GW期間にアクセス数は増えているのに売上は変わらないのはなぜ？」

【製品カテゴリや商品群に注目する】

「何が売れているのか？」を知ることは、ビジネスの基本です。ECサイトの場合は〝製品カテゴリ別売上〟を最初に見てみると、そこから「特定カテゴリの好調／不調」「客単価の高い商品群がある」など、面白い着眼点が生まれやすいでしょう。

例：「カテゴリAだけが突出して伸びているのはなぜ？」「最近追加した新商品は売れている？」

【顧客属性や行動特性を捉える】

売上の主役は〝顧客〟です。顧客の年齢層、地域、購買頻度などを軸に見てみると、新規顧客が多いのかリピート客が多いのか、ある地域でだけ売上が伸びているのかなど、さらに踏み込んだ疑問が湧いてきます。

例：「20代女性の購入が増えたのはＳＮＳ施策のおかげ？」「特定地域でキャンセル率が高いのは何が原因？」

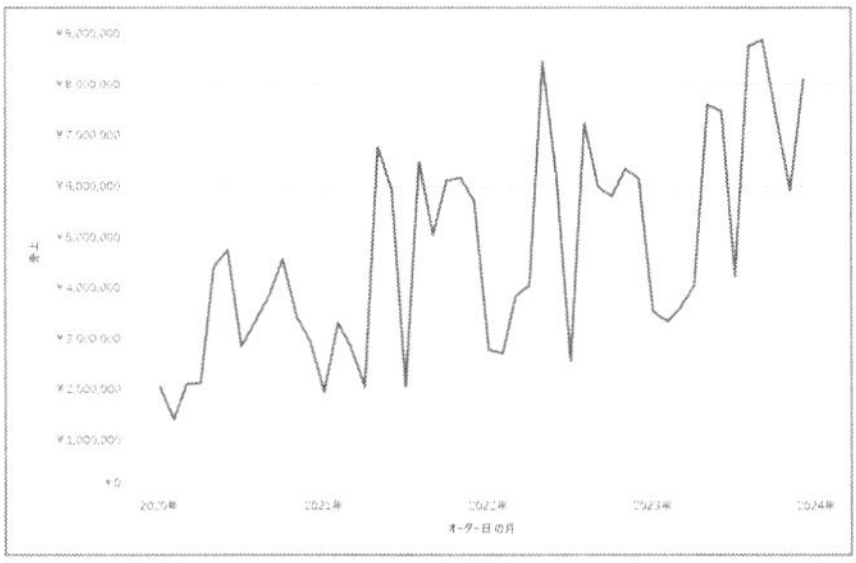

期間・時系列の変化

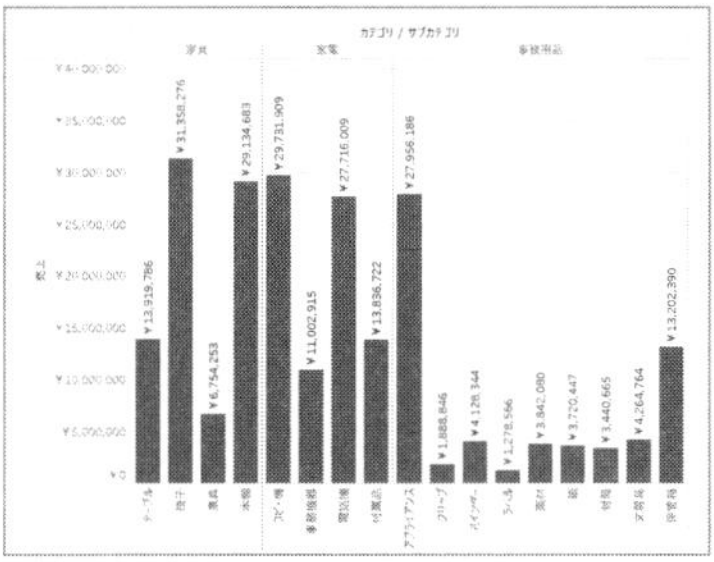

製品カテゴリや商品群

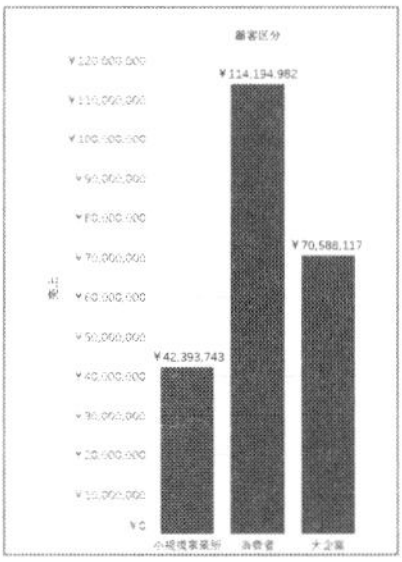

顧客属性や行動特性

図2-5　データの特徴を掴む

これらの基本視点から「数字を雑に眺める→おかしい・面白い・気になる箇所を見つける→それを問いとして言語化する」ことが、データ分析の第一歩です。「問い」は、決して高尚で大きなものにしようとせず、最初は「なんでこうなってるんだろう?」「これは本当か?」くらいの軽い疑問で十分。そこから次々と新しい疑問が派生していきます。

また、フレームワークとして、〝5W1H〟を意識するのも効果的です。

Who（誰が）
What（何を）
When（いつ）
Where（どこで）
Why（なぜ）
How（どうやって）

売上データの場合、たとえば「Who × What」「Who × When」の視点で考えてみると、「（誰が）この商品をいつ買っているのか?」という問いが生まれます。ECサイトであれば、「20代女性が深夜帯にスマホから購買している」「リピーターが多いのは平日の昼休み時間帯がピーク」など、独自の購入行動が見えるかもしれません。

このように、5W1Hを掛け合わせてみると、「ざっくり数字を見て気になったところ」からもう一段深い問いに発展させるヒントが得られます。〝データを眺める→疑問を覚えたところに5W1Hを当てはめる→さらに具体的な問いに絞る〟という手順を経れば、より分析しやすい形に落とし込めるはずです。

仮説構築のコツ：「こうなんじゃないか？」を言葉にする

では次に、いよいよこの〝問い〟から一歩進んで「仮説構築」です。立てた問いが、「仮説という形」で具体化されると、データ分析はグッとやりやすくなります。特に初心者の方は、「まず仮説を言葉にしてからグラフを作る」という順序を意識するだけでも、分析の質が変わってくるはずです。ここで大切なのは「失敗してもOK」というマインドセット。間違った仮説を立てることは、むしろ分析スキルを伸ばす最大のチャンスです。小さく問いを立てて、どんどん検証しながら〝気づき〟を積み上げていきましょう。

仮説に関していくつかの要点を押さえていきます。

①仮説とは「暫定的な答え」のこと

「仮説」という言葉から「難しそう」「高度な論理思考が必要そう」といった印象を持たれる方もいるかもしれません。しかし、データ分析における仮説は、決して〝論文レベルの精緻な理論〟である必要はありません。

むしろ重要なのは、「問い」に対して〝自分なりの暫定的な答え〟を、シンプルに言葉で表すことです。

たとえば、

問い：「なぜカテゴリAだけ売上が伸びているのか？」
仮説：「カテゴリAは若年層の人気が高いから売上が伸びているのではないか」

こういう形で〝問い〟に対する〝仮の答え〟を設定するだけでも、〝どこを見れば良いのか〟が一気にクリアになります。

さらにポイントは、〝自分の想像や直感〟で構わないということ。根拠が多少あいまいでも、最初は気にしないでください。あくまで仮設計であり、これから検証して当たり外れを確かめる段階なのです。

②「問い→仮説」で〝視野〟が決まる

仮説を立てるときのメリットをもう少し言語化すると、「見たいデータの範囲が定まる」という点が挙げられます。

上の例で言えば、

「仮説：カテゴリAは若年層の人気が高い」

であれば、「どの顧客属性を見ればいいか」（年齢層やSNS利用率など）が自然と決まります。結果、「棒グラフやクロス集計で年齢×カテゴリAの売上を見てみよう」「時間帯別の購入履歴を見よう」など、具体的な〝検証方法〟が思いつくようになります。

これがもし仮説がない状態だと、「とりあえず全年齢層のグラフを作ってみるか……」と、手当たり次第にグラフを作るだけになり、結局何が確認できたのか分からなくなりがちです。

③初心者は遠慮せずに〝当たって砕けろ〟

仮説が外れていても問題ありません。実際、多くのビジネスシーンでは、「立てた仮説のうち半分以上はハズレる」くらいの気持ちでよいのです。

大切なのは、〝外れたこと〟からも学べるという点です。

「自分は若年層だと思っていたけど、データを見ると案外リピーターは30代以上が多かった……」
「SNS施策が効いたと思ったら、実はクーポン配布期間と重なっていただけだった……」

こういった〝仮説とのギャップ〟そのものが、データ分析の醍醐味でもあります。ギャップを発見することで、新たな視点（「なぜ30代が多いんだろう？」）や追加検証（「クーポン配布の影響をもっと調べよう」）がどんどん生まれ、より豊かな気づきが得られるのです。

仮説からグラフ作成へ

仮説を立てたら、次は実際に「データを可視化」して検証を進めましょう。基本的には、前節で既に述べているように、切り口と指標の組み合わせでグラフは作成されます。復習も兼ねて、少し切り口と指標に関してまとめておきましょう。

①切り口（ディメンション）とは？

「データをどう区切るか」という視点であり、典型的な例としては「期間」「商品カテゴリ」「地域」「顧客属性」などが挙げられます。たとえば「地域」という切り口を選ぶと、売上がどの地域で多いか少ないかを比較できるようになります。

②指標（メトリクス）とは？

切り口を使って〝実際に比較・集計する数値〟です。売上金額・客単価・リピート率・購入回数・在庫数など、多種多様なものが考えられます。

「売上金額 × 地域」
「売上個数（数量）× 商品カテゴリ」
「リピート率 × 購入チャネル（スマホ／ＰＣ）」

というように、「切り口 × 指標」を組み合わせることで、可視化のテーマが決まり、仮説検証へのアプローチが明確になります。

③小さな問いが生み出す「切り口×指標」の発想

前節で挙げたような〝小さな問い〟を思い出してみましょう。

問い：「なぜカテゴリAだけ売上が伸びているのか？」
仮説：「若年層に人気があるのでは？」

このケースなら、「切り口＝年齢」「指標＝売上金額（カテゴリAのみ）」と組み合わせれば、仮説を検証するためのグラフや集計が見えてきます。これが「問い→仮説→可視化」の王道パターンです。

もし「スマホからのアクセスが多いのかも」と想像するなら、「切り口＝デバイス別（スマホ／PC）」「指標＝カテゴリAの売上」など、別の軸も試してみるといいでしょう。

このように、「何をどう見たいか？」をスッキリ言葉にするだけでも、分析の取り組みが格段にやりやすくなります。

では、続いて、代表的な可視化手段を少し説明しておくので参考にしてみてください。

①棒グラフ(カテゴリ比較に向いている)

【特徴と活用シーン】
特徴：複数のカテゴリを比べるのに適している。数字の差が一目でわかりやすい。
活用例：製品カテゴリ別の売上、年齢層別売上、地域別売上など。

【棒グラフを使う場合のポイント】

カテゴリ軸を縦に並べるか横に並べるか：棒を横にするか縦にするかは、見やすさや使うツールによって変わります。初心者はまず縦軸(Y軸)に数値、横軸(X軸)にカテゴリを取るスタイルに慣れるとよいでしょう。

重要なカテゴリの色分けや強調：もし特定のカテゴリに注目して検証したい場合は、その棒だけ目立つ色にするなど、意識的に強調すると比較しやすくなります。

②折れ線グラフ(時系列の変化を捉える)

【特徴と活用シーン】
特徴：時間の経過による数値の増減を把握しやすい。
活用例：月ごとの売上推移、週別アクセス数、キャンペーン施策の開始タイミングと売上の変化など。

【折れ線グラフを使う場合のポイント】

X軸に時間をとる：基本的には横軸を〝時系列〟にして、時間ごとにどのように数値が変わるかを視覚的に追う。

重要イベントをメモする：売上やアクセスが変動したタイミングで「セール実施」「新商品投入」「クーポン配布」といったイベントをグラフ上に書き込むと、変化の原因を検討しやすくなる。

③クロス集計（2軸で集計してパターンを探す）

【特徴と活用シーン】

特徴：2つの軸を掛け合わせて集計することで、〝何が売れているのか×誰が買っているのか〟などを同時に確認できる。

活用例：顧客属性（年齢、性別など）×商品カテゴリ、地域×販売チャネルなど。

【クロス集計を使う場合のポイント】

ピボットテーブルやBIツールを活用する：エクセルやクラウドBIツールで簡単にクロス集計が作れる。初心者ほどグラフにする前に、まず表形式で大まかな傾向を確認するのも手。

細かい粒度にしすぎない：あまりに細かい単位でクロス集計すると見づらくなる。最初は大まかなカテゴリ・属性で作成し、必要に応じて詳細化する形がおすすめなので覚えておくと良いでしょう。

棒グラフ　折れ線グラフ　バブルチャート

ドーナツグラフ　日本地図にマッピング　2軸の組み合わせ

散布図　ヒートマップ　箱ひげ図

図2-6　グラフの種類

仮説をもとにグラフを作る流れ：ECサイト売上データの簡単な例

では、最後に、説明した内容を踏まえて、具体的なイメージをさらに固めるため、仮説→可視化のプロセスをざっくり例示して終わりにしましょう。

【ケース】

問い：「最近、カテゴリAの売上が伸びていると感じるけど、本当にそうなのか？ なぜ伸びているのか？」

仮説1：「20代女性がカテゴリAを多く買っているのではないか」

仮説2：「この期間にSNSキャンペーン（インスタ）を実施したから、その影響で若年層が増えたのではないか」

① 棒グラフでカテゴリAの売上推移を見る

目的：本当にカテゴリAの売上が伸びているかを時系列で確認する。

作り方：月別にカテゴリAの売上金額を集計し、折れ線や棒グラフにして傾向を見る。

もし確かに伸びていることが確認できれば、仮説1・2の方向性を深掘りする価値がありそう。

②クロス集計で年齢×カテゴリAの売上を確認する

目的：20代女性が多いという仮説1が当たっているかどうかを検証。

作り方：顧客属性テーブルから「年齢層×性別×売上」をクロス集計。カテゴリAだけ抜き出して比較する。

結果、もし20代女性の割合が高ければ「仮説1は当たり」。逆に「実は30代女性が意外と多かった」というデータが出れば「仮説1は外れ」、新たな疑問が生まれる。

③折れ線グラフにSNSキャンペーンの実施時期を重ねる

目的：SNSキャンペーンが影響しているという仮説2を検証。

作り方：月ごとの売上推移のグラフに、「キャンペーン開始時期」を縦線や注釈で入れてみる。

施策を実施した直後に売上が跳ね上がっているなら、仮説2の信憑性が高まるし、そうでなければ別の要因を探る必要がある。

こうして「問い→仮説→グラフ作成（可視化）→検証」という流れを踏むことで、数字の変化を〝自分の頭で考えながら〟追えるようになります。曖昧なままグラフを作るのではなく、〝仮説を先に言葉にする〟だけで、分析の手順がスムーズになるのです。

仮説構築とグラフ作成のステップは、データ分析の序盤を担う重要なパートです。ここで一旦〝グラフを作る→結果を確認する〟ところまで進めれば、自分の仮説が当たったのか、あるいは外れたのか、何がわかったのかが少しずつクリアになってきます。

しかし分析の面白いところは、〝一度作ったグラフを眺めた瞬間に、新たな疑問や気づきがどんどん湧いてくる〟という点にあります。

「あれ、カテゴリAは20代女性が多いと思ったけど、30代も案外高いぞ。どうしてだろう？」
「予想していなかったデバイス別の差が大きいかも……こっちも検証してみたい！」

こんなふうに、仮説検証の途中から生まれる〝副次的な疑問〟こそが、データ分析脳の養分になります。

次節では、作ったグラフを〝どう読み取り〟、どのように「検証を広げるか」という観点を中心に解説します。ここまでがいわゆる「データの可視化・集計」にフォーカスしたステップでしたが、次はそれらをどう受け止め、さらに「次の問い」を立ててサイクルを回し続けるかがポイントになります。

この「小さな問いを回す」という流れを楽しむことこそ、データ分析を〝退屈な作業〟ではなく〝クリエイティブな活動〟に変える秘訣です。ぜひ、「仮説が当たる／当たらない」に一喜一憂するだけでなく、「じゃあどうしよう?」という次のアクションへつなげる視点を身につけていきましょう。

グラフを見て検証を広げ次のサイクルへ

まず初めに「データありきの思考で問いを立てる」、次に「仮説構築と簡単なグラフ作成」の手順を学びました。これらのステップを踏むことで、まずは〝狙いのある分析〟をスタートできるようになります。しかし、データ分析の面白さや奥深さは、ここからが本番とも言えるでしょう。

グラフを作って結果を眺めた瞬間、「やっぱり予想通りだな」と納得することもあれば、「えっ、こんなデータになるんだ」と驚き、新たな疑問が湧き上がることもあります。いずれにせよ、そのグラフを一度作っただけで完結ではありません。むしろ、その「結果」を起点に問いを再設定したり、追加の検証を行ったりしながら、サイクルを回していくのが〝データ分析脳〟を鍛える最大のポイントです。

ここでは、「グラフを見て検証をどう広げるか」という視点で進めていきます。初心者の方にありがちな〝グラフを作って満足してしまう〟状態から一歩先へ踏み出すために、どんな思考やアクションを取ればよいかを具体的に示しましょう。

結果の確認：「Aカテゴリが売上を牽引」「地域別で差がある」など

まずは、作ったグラフをじっくりと眺め、仮説に対する答えを確認するところから始めましょう。たとえ「自分の仮説が当たったのか外れたのか」がはっきりするだけでも大きな一歩です。

①仮説が〝当たった〟場合

「カテゴリAが若年層に支持されている」という仮説を立て、実際に〝20代の売上が他の年代より高い〟という結果が得られたとします。ここで「よし、やっぱり仮説どおりだった！」で終わってしまうのはもったいないです。たとえ当たっていても、さらに深掘りできるポイントがあるかもしれません。

例：若年層のどの部分が伸びているのか？
20代前半と後半で何か差がないか？　学生と社会人で違う傾向がないか？　など、より細かい切り口を追加してみる価値があるかもしれません。
例：ほかのカテゴリ（BやC）はどうなっているか？

カテゴリAだけを見ていると当たった仮説でも、比較対象を広げると意外な事実が浮かび上がる可能性があります。

②仮説が〝外れた〟場合

「カテゴリAが若年層に売れているはず」と思っていたのに、実際には「30代以上の購入が意外と多かった」など、仮説が大きく外れるケースも当然出てきます。ここで落ち込むのではなく、「なぜ外れたのだろう？」を問い直すチャンスです。

例：ほかに影響しうる施策や要因はなかったか？
割引クーポンの配布タイミングやメルマガの発行タイミングなど、確認していなかった要

素があるかもしれません。

例：〝若年層が多い〟と感じた根拠は何だったのか？

勝手な思い込みだったのか、SNSで若い人が反応していたからか。そうした〝根拠〟を洗い出すと、データから得られるリアルとの食い違いが見えてきます。

いずれの場合も、〝結果を見たうえで何を感じ、何を考えるか〟が次のステップへの導線になります。当たっても外れても、検証結果の背後には必ず「Why？（なぜそうなったのか）」があり、そこを深掘りすることで分析の幅が広がっていくのです。

新たな疑問を立てる：「他のカテゴリは？」「競合との比較は？」

分析初心者の方は、グラフを1つ作ったらそこで満足してしまうことが少なくありません。しかし、本来のデータ分析は〝サイクル〟で捉えるもの。つまり、仮説検証の結果を踏まえて「次の疑問」を考えるプロセスが非常に重要です。

①「他の要素も見てみたい」という派生的疑問

たとえば「カテゴリAの売上が伸びている」という結果が出たら、「他のカテゴリ（B，C，

D など）はどういう動きなのか？」という問いが自然と浮かぶはずです。Aが伸びた理由を理解するためには、〝比較対象〟を知ることも大事だからです。

たとえば、Aだけ好調でBは横ばい、Cは下がっているとしたら、Aの顧客がBやCから流れてきたのかもしれない、などの新たな推論につながります。

②「競合や市場全体はどうなの？」という視点

多くの分析担当者やビジネスパーソンが見落としがちなのが、〝社内データ〟だけを見て満足してしまうことです。確かに社内の売上データだけでも数多くの示唆が得られますが、**「競合や市場全体と比べてどうなんだろう？」**と考えると、さらに上位の視点へとつながります。

「この売上増は業界平均と比べて大きいのか小さいのか？」
「競合が同時期に打ったキャンペーンは売上に影響していないか？」

こうした疑問が浮かべば、社外データや業界レポート、SNSのトレンド情報など、外部の情報を取り入れる検証ステップが必要になるかもしれません。結果、分析のスケールが一段上のレベルへと広がっていきます。

小さな問いを次々に生み出し、検証を回すことの大切さ

ここまで、作ったグラフを見て「当たったか外れたか」を確認し、新たな疑問を見つける流れを紹介しました。これを繰り返すことで、いわゆる〝仮説検証サイクル〟がぐるぐると回り始めます。では、なぜ〝次々に問いを生み出す〟ことが重要なのでしょうか。

①一度の分析で〝完全な答え〟が得られることは少ない

ビジネスの現場では、〝1回の分析で全ての謎が解明される〟ということはめったにありません。むしろ、最初のグラフや集計で分かるのは氷山の一角にすぎず、〝深追いすればするほど見えてくる新たな側面〟がたくさんあるものです。小さな問いを少しずつ解決していくうちに、やがて「このECサイトのコアユーザーはこういう属性なんだな」「こういう施策を打てば売上が伸びる可能性が高いんだな」と、より高精度の洞察が得られます。

②〝疑問〟こそがデータ分析のエンジン

データ分析で一番怖いのは、「数字を見ても何も疑問が浮かばない」状態です。問いが生まれないと、分析自体が停滞し、ただ数値を眺めて終わってしまいます。逆に、小さくても〝新

たな疑問〟が湧いているうちは、分析は前進している証拠です。

そして、この〝疑問〟をベースにもう一度仮説を立て、別の切り口でグラフを作り、さらに検証を行う──そんなスパイラルを回し続けるうちに、データ分析脳はどんどん洗練されていくのです。

③楽しみながら〝量〟をこなすことで〝質〟が上がる

「どんなにコツを学んでも、実際に手を動かして分析する量が少なければ、スキルはなかなか伸びない」という点も強調しておきたいところです。データ分析は頭で理解するだけでなく、実際にグラフを作って見比べ、疑問を洗い出し、また別のグラフを作り……という試行錯誤のなかで身についていくものです。

少しでも面白そうな疑問が思いついたら、時間が許す限りサクッと検証してみる癖をつけるのがおすすめです。「問い→仮説→検証→結果を見てまた問い……」という流れ自体がゲームのように感じられるようになると、あなたのデータ分析脳は一段上のステージに入っていくでしょう。

具体例：ECサイト売上データでの〝問いの連鎖〟

ここで、具体的な連鎖のイメージをもう少し詳しくお示しします。たとえば、以下のような流れが起こりやすいです。

最初の問い：「カテゴリAの売上が伸びている気がするけど、実際はどうなんだろう？」
仮説：「SNS施策が当たって、若年層が増えたのでは？」
検証：折れ線グラフで月別・カテゴリAの売上推移を見てみたら、確かに2ヶ月前から急上昇している。
新たな問い：「でも本当に若年層が買っているの？」
仮説：「20代女性が主要顧客になっているはず」
検証：クロス集計で年齢×カテゴリAの売上を出してみたら、なんと30代男性の売上も意外と多いことが判明。
新たな問い：「じゃあ、30代男性が増えた理由は？」

仮説：「ひょっとしてキャンペーン以外に何かあった？　もしくは商品ラインナップの変更？」

検証：商品一覧やキャンペーン履歴を確認してみると、〝カテゴリA〟に該当する新商品が男性向けガジェット関連だったことが判明。

さらに別の問い：「この傾向はどの地域で顕著なんだろう？」

仮説：「都市部（首都圏）が中心かも？」

検証：地域別の売上データを掛け合わせてみると、やはり首都圏で30代男性のカテゴリA購入が伸びていた。地方ではあまり伸びていなかった。

このように1つの仮説検証から派生的に疑問が生まれ、分析が枝分かれしていくことで、〝ECサイト全体の購入動向〟や〝新商品ラインナップの影響範囲〟など、最初は想定していなかった領域まで視野が広がっていきます。まさに「データ分析ならではの発見」が連鎖していく流れと言えるでしょう。

小さな問いを回し続けるメリットと留意点

①分析が〝動的〟になる

こうした〝問いの連鎖〟を楽しむと、分析は〝レポート作成〟のような静的な作業ではなく、〝常に新しい気づきを得ようとする探究活動〟に変わります。ビジネスの世界は常に変化が激しいため、分析が「動き続ける」状態であることは、とても大きな強みです。

②チームや上司を巻き込みやすい

サイクルを回すなかで得られた〝具体的な疑問〟は、チームや上司とのコミュニケーションを円滑にしてくれます。ただ報告ベースで「カテゴリAが伸びています」と言うだけではなく、「30代男性が意外と多いようですが、その理由をどう考えますか?」と投げかけることで、周囲も「そういえば最近こんな問い合わせが増えているよ」などの情報を提供しやすくなります。

こうして組織全体で分析サイクルを回せると、単なるデータ集計以上の成果が期待できるでしょう。

③留意点：分析の〝収束〟タイミングも意識する

ただし、小さな疑問を無限に広げ続けると、いつまでも分析が終わらない〝沼〟にはまってしまう恐れがあります。ビジネスの場面では、最終的に何らかの意思決定や施策をまとめるタイミングが必要です。

例：「カテゴリAの施策を次の月から打つのか、もう少しデータを見てからにするのか」
例：「今検証中のテーマを会議で発表する期限はいつか」

こうした現実的な制約やゴール設定を忘れずに、ほどよいところで〝考察・提案〟へと進むのが理想です。分析サイクルは大事ですが、回し続けるだけでは実際の成果に結びつきません。次章（第3章）では、まさにこの〝考察と提案〟をどう行うかを詳しく見ていきます。

次章へのつながり

ここまで学んできた「小さな問い↓仮説構築↓検証を繰り返し、新たな疑問を出す」プロセスを、いかに〝楽しみながら〟回すかが初心者にとっての鍵でした。

失敗を恐れずにいろいろ試すことで、自分なりの分析スタイルが育ちます。続けているうちに、周囲からの評価やビジネス成果にもつながりやすくなるでしょう。

次の第3章では「考察と提案―分析結果をどう活かすか」に踏み込みます。データ分析は発見して終わりではなく、その先の行動を起こすことが最終ゴール。数字を鵜呑みにしない〝背景理解〟の方法や、意思決定者への提案術を学ぶことで、分析をより深く・実践的に活かせるようになります。

次章では、いよいよ分析で得られた結果を「どう活かすか」に焦点を当てます。ここが〝レポート作成で終わる〟か、〝具体的な施策提案やアクションへ結びつける〟かの分かれ道です。第2章で学んだ〝小さな問いと検証サイクル〟を活かしながら、今度は「考察と提案」というステージに足を踏み入れてみましょう。データが生む気づきを、あなたのビジネスや組織が動く〝実装レベル〟へとどう結びつけるか――ここからが、データ分析脳の真価が試される領域です。

第3章

考察と提案
―分析結果をどう活かすか

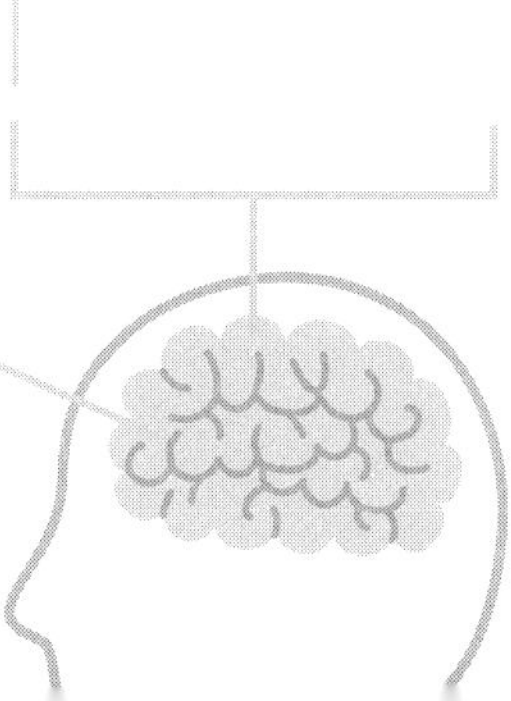

第1章・第2章を通じて、データ分析の「問い→仮説構築→検証」という前半の流れを学んできました。小さな問いを立て、仮説を言葉にし、グラフなどでデータを可視化して検証すると、新たな疑問や発見が次々に出てきます。それはまるで〝宝探し〟や〝謎解き〟のようで、初心者の方でも「意外と楽しいかも」と思える瞬間が多いはずです。しかし、データ分析の真価は、実はその先にある「考察」と「提案」という後半のステップでこそ最大化されます。考察からは「広げて閉じる」の閉じていく部分となります。ここでは、考察、提案をポイントとともに個別に確認していきましょう。

データから洞察を得る「考察」の技術

まずは、分析で得られた事実をどうやって〝洞察〟へと変え、それをビジネスや現場に活かす足がかりを作るか――つまり「考察」の技術にフォーカスします。せっかくの分析結果も、数字を〝そうなんだ〟と眺めるだけでは宝の持ち腐れです。数字の背後にある要因や背景、あるいはビジネスの文脈を深く探るプロセスを意識的に踏み込むことで、「なぜ?」が「だからこうしよう」に繋がり、最終的には組織やビジネス全体を動かすアイデアへと結実します。

なぜ「考察」が重要なのか

問いに対して、仮説構築を行い検証していく作業は事実（ファクト）を集めていく作業です。しかし、〝数字を眺める〟だけでは課題や解決策が見えてきません。データ分析を始めたばかりの頃は、棒グラフや折れ線グラフなどの可視化で「売上が上がっている（下がっている）」「このカテゴリが好調そうだ」という事実を把握しただけで満足してしまいがちです。しかし、〝数字が動いているのはわかったけれど、だから何？〟と思いとどまってしまうケースも少なくありません。

例として「ECサイトの売上が先月比+20％伸びている」となったが、〝伸びてよかったね〟で終わってしまうと、次の具体的なアクションへと繋げにくい。なぜ伸びたのか、その背景にある顧客行動や競合の状況を掘り下げないと、今後どう活かすかがわかりません。

考察とは、この〝事実〟をさらに噛み砕き、「なぜそうなっているのか？」を探究し、〝だからこうすれば良い〟というアイデアの種を見つける行為です。数字を鵜呑みにするだけではなく、背景・要因・周辺環境を整理して、仮説と検証をさらに深めていきます。1章でも述べましたが、考察から仮説検証は戻ることもあります。新たに生まれた仮説が簡単に検証できるのであればなるべく事実に変えていくのが良いです。ただし、社会は非常に複雑で、すべてが検証できるわけではありません。そのため、検証結果で得た複数の事実をもとに多角的に考え、場合によっては再度仮説検証に戻る作業にもなります。

また、もう1つ大事な点として、閉じていく感覚を持つことです。閉じていくために、問いを少しずつ意識し始めるのが重要です。それはデータを把握するという点であっても意識すると良いでしょう。例えば、「売上を中心にデータがどうなっているのか?」という問いであれば、その問いに対して、現状検証した事実が説明できるかを考える必要があります。そうすると、例えば、売上に関係していない事実を取り上げる必要が少なくなります。そのように、問いに答えるために、事実をもとにストーリーを組んでいくと閉じていきます。問いに対して、結局何をするべきなのか、まで答えられたら提案になっていきます。(図3-1)

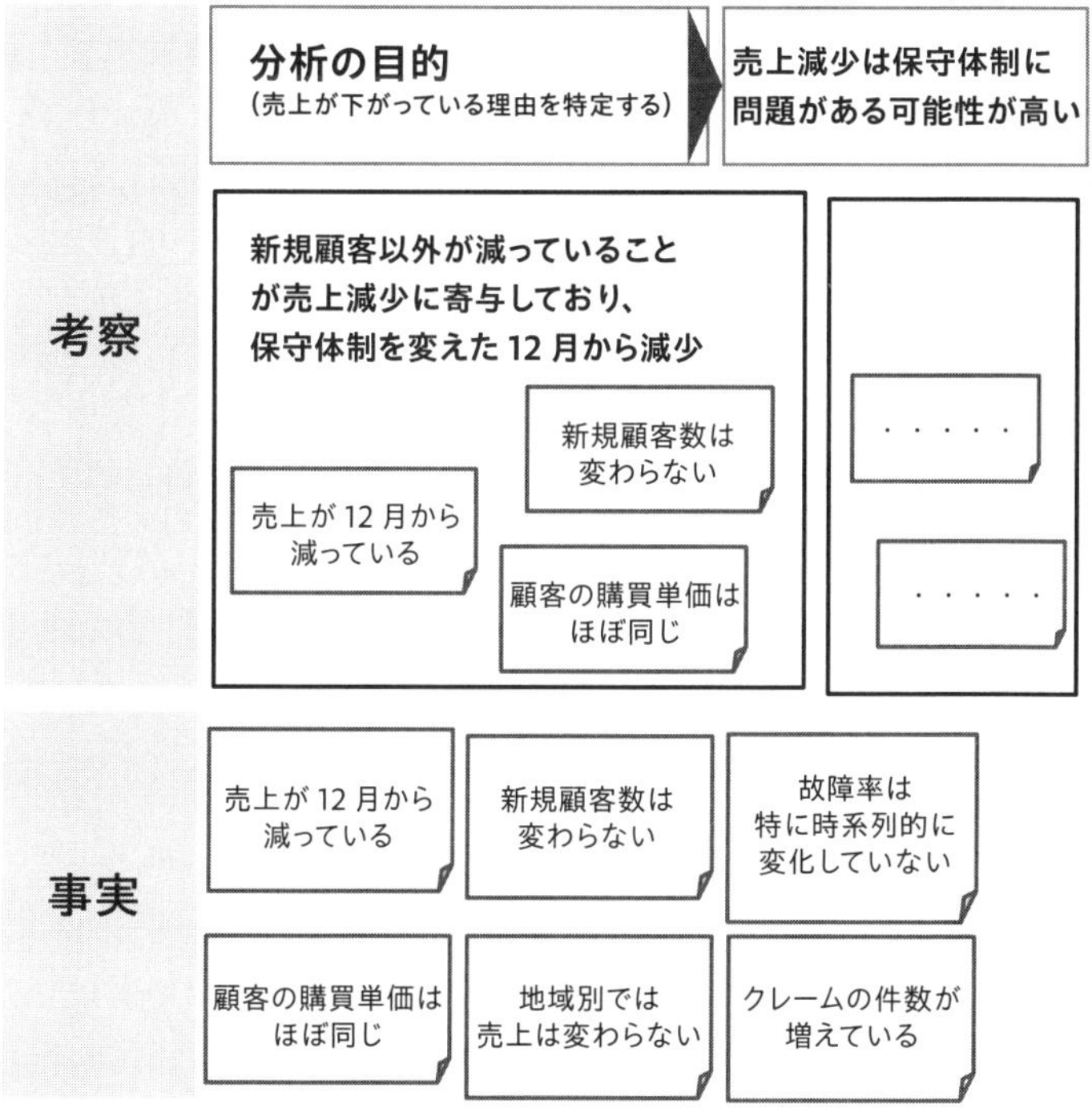
分析の目的
（売上が下がっている理由を特定する）
売上減少は保守体制に
問題がある可能性が高い
考察
新規顧客以外が減っていること
が売上減少に寄与しており、
保守体制を変えた 12 月から減少
新規顧客数は
変わらない
売上が 12 月から
減っている
顧客の購買単価は
ほぼ同じ
・・・・・
・・・・・
事実
売上が 12 月から
減っている
新規顧客数は
変わらない
故障率は
特に時系列的に
変化していない
顧客の購買単価は
ほぼ同じ
地域別では
売上は変わらない
クレームの件数が
増えている

図3-1　考察のイメージ

最後に考察の具体例を考えてみましょう。売上やアクセス数といったKPIがどう変動したかは、いわば〝結果〟です。その〝結果〟が生まれた背景には、必ず人の行動や心理、市場の潮流、競合の施策など、多面的な要因が絡んでいます。これらを紐解いていくと、例えば、次のような洞察が得られるでしょう。

「この顧客層は、実はポイント還元より即時割引を好む傾向が強い」
「競合サイトのメイン商品が欠品していた影響で、うちのECサイトに流入したのではないか」
「リピーター向けの情報発信が弱いせいで、2回目以降の購買が続かない」

こうした洞察は、そのまま〝施策アイデア〟の下地になります。もちろんこの段階では「なるほど、そうかもしれない」というレベルの理解でも構いません。考察を経ることで、〝数字を絵に描いた餅にしない〟ための足がかりが固まるのです。

考察を深めるための2つの視点：Why?とSo what?

考察の過程では、しばしば「なぜ？」と「だから何？」の2つの問いが鍵になります。これらはビジネスフレームワークの文脈でもよく登場する重要キーワードです。

①Why?（なぜそうなったのか）

数字が示す事象を、一歩ずつ根拠をたどりながら掘り下げる
「なぜAカテゴリの売上が増えたのか？」「なぜ20代女性がリピーターとして定着しているのか？」
なぜ？を繰り返す「5 Whys」や「なぜなぜ分析」

製造業の品質管理などでよく使われる手法ですが、データ分析にも応用できます。一度の〝なぜ？〟で終わらず、2回3回と繰り返すことで、より根本原因に近づきます。例として「売上が急増している→なぜ？→SNS施策がバズった→なぜバズった？→若年層に刺さるコンテンツだった→なぜ刺さった？→ターゲット選定とキャンペーン時期が適切だった…」と何度も掘り下げれば、想定外の要因や意外な裏事情を発見できることもあります。

②So what?（だから何をすべきか）

原因や背景がわかったあとに、具体的なアクションや示唆に落とし込む

「売上が伸びたのはSNS施策がバズったから」↓「だから今後もSNS施策を強化し、他カテゴリにも展開する意義がある」
提案や施策のアイデアへスムーズに繫げる思考
So what?の問いを通じて、〝いま判明した事実〟がビジネスにおいてどれだけ重要なのかを明確化する。
「それは本当に取り組む価値があるのか?」という投資判断にも役立つ。

実際のチームでの会議やディスカッションの際は、このWhy?とSo what?を交互に使うことで、数字からアイデアへの流れがスムーズになります。
「なぜその数字なの?」↓「こういう理由では?」↓「だからどうする?」↓「じゃあ、こういう施策はどう?」という具合に、会話にストーリーが生まれるわけです。（図3-2）

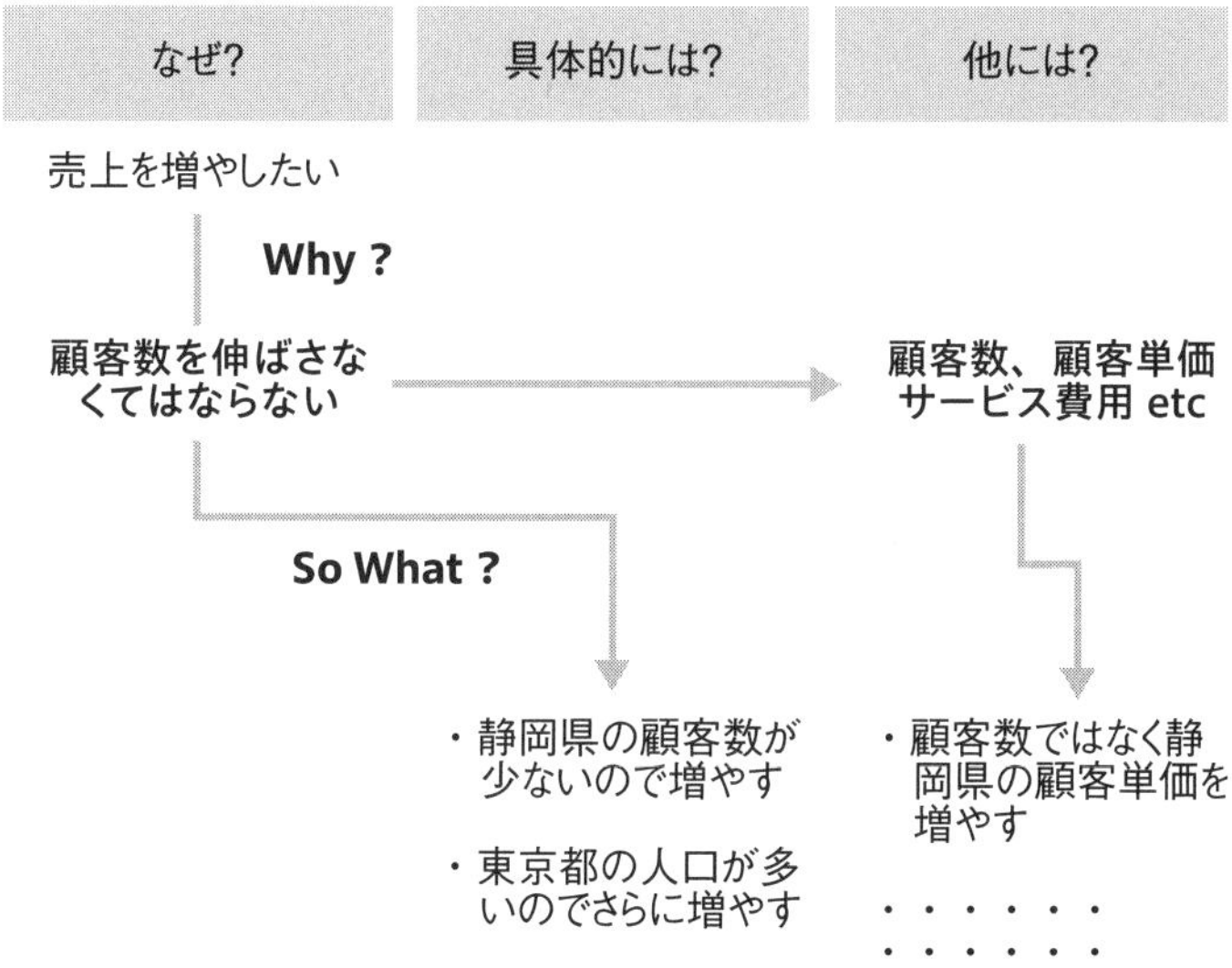

図3-2　Why ？と So what ？による思考に広がり

数字の裏側を読むために必要な〝定量×定性〟の観点

データ分析というと、どうしても数字（定量データ）の側面ばかりに意識が向きがちです。しかし、考察フェーズを深めるには、定量だけでは拾いきれない情報、すなわち〝定性情報〟を意識的に取り入れることが重要です。例えば、下記のようなものがあります。

顧客の声（アンケート、インタビュー、SNSコメントなど）

たとえば「ポイント制度より直接的な割引が嬉しい」という生々しい声が集まれば、なぜポイント重視の施策が不発だったのか推察しやすい。

競合他社の状況：

自社データだけでなく、競合サイトや店舗のキャンペーン・価格設定・商品ラインナップなどの情報を照らし合わせると、数字が動く理由をより正確に捉えられる。

業界全体のトレンドや季節要因：

「夏のボーナスシーズンには高額商品の購買意欲が上がる」などの業界知識は、売上変動の原因を推察する材料となる。

ECサイトの売上グラフだけ眺めていてはわからない〝顧客視点〟や〝競合との兼ね合い〟を知ることで、「なるほど、だからこの数字なのか！」という腑に落ちる感覚を得やすくなります。数字の裏に隠れた〝人間らしい動き〟を捉えることこそ、考察の醍醐味とも言えるでしょう。

また、組織内のヒアリング・現場観察も効果的です。必ずしも外部リサーチや大掛かりな調査でなくても、社内の関係部署や現場スタッフへ簡単なヒアリングを行うだけで、新たな視点が得られる場合も多いです。

在庫や物流担当者に聞いてみる：
「最近、配送遅延が増えた背景に何があるのか？」など、データに表れない裏事情を補足できる。

コールセンターやサポート窓口に聞いてみる：
「顧客が何を不満に思っていたのか？」「どんな問い合わせが増えているのか？」がわかれば、数字の動きとの関連が見えてくる。

このように、定量データと定性情報を掛け合わせた〝ハイブリッド分析〟を意識すれば、考察の説得力がぐっと増し、「だからこういう提案が必要だ」というロジックも組み立てやすくなるので覚えておくと良いでしょう。

仮説が外れたときほど深まる考察の面白さ

①〝当たって当然〟の結果よりも、意外な結果が生む学び

データ分析をしていると、「予想どおりの結果だな」ということもあれば、「全然違う…どうしてこんな数字が出るのか?」と驚くシーンも少なくありません。むしろ、初心者のうちは「外れた仮説」の方が多いでしょう。しかし、そこでがっかりする必要はありません。外れた仮説こそ〝新しい気づき〟の宝庫だからです。

【例】

「若年層がメイン顧客だと思っていたら、実は30代男性が多かった!」

↓もしそうなら、その裏には何らかの理由があるはず。ヒアリングや追加データで深掘りすれば、顧客行動やブランド認知に関する新しい洞察が得られる可能性大。

② 追加検証や新しい問いへの展開

仮説と結果がズレたときこそ、「じゃあ、どういう要因が働いているんだろう？」と再び問いを立て直すチャンスです。ここで〝検証し直す→別の切り口でグラフを作る→新しい仮説を立てる〟というサイクルが走り始めると、最初には想像もしなかったような要因や事実が浮かび上がるかもしれません。

【例】
仮説：「カテゴリAが売れたのはSNSキャンペーンのおかげ」
結果：「SNSがそれほど伸びていないのに売上は伸びている…？→実は競合の在庫切れで流入してきた顧客が多かった」

こんな展開になれば、「競合状況を定期的にモニタリングし、在庫体制や広告予算配分を調整するべきでは？」という考えが出てくるかもしれません。まさに〝データが教えてくれる意外な事実〟の発見であり、考察が深まるほどビジネス的なアイデアに結びつきやすくなるのです。

データから洞察を得る「考察」は、分析の醍醐味であり、数字を〝活きた情報〟へ変換するステップです。本節では、主に「なぜその数字なのか?」を追求するテクニックや心構え、そして定量データと定性情報を掛け合わせる重要性を学びました。しかし、考察はまだ〝途中段階〟とも言えます。なぜなら、組織やビジネスで本当に求められるのは、考察から生まれる〝次のアクション〟だからです。

数字と背景要因を把握する↓〝じゃあ、どうする?〟
仮説が外れた↓〝なぜ? じゃあ、追加の施策は?〟

こうした一歩踏み込んだ提案こそが、データ分析を〝自己満足〟で終わらせず、〝成果〟へとつなげる決定打になります。次節では「提案に落とし込むためのステップ」を具体的に解説し、考察からどのようにビジネス施策や企画へ展開するかを学んでいきましょう。数値の背景を捉えて終わりではなく、〝行動を起こす〟ためのアプローチが真のゴールへ導く鍵となります。

次の「提案に落とし込むためのステップ」では、こうした考察を具体的なアイデアや施策へ紐づける流れを解説します。数字を〝発見〟しても、それを〝行動〟につなげなければビジネス価値は限定的です。小さな問いから始まり、検証を経て得られた洞察を、いかに提案へ高めるか――まさにデータ分析脳が試される場面と言えるでしょう。引き続き、一緒に学んでいきましょう。

提案に落とし込むためのステップ

前節では、「データから得られた分析結果をどのように捉え直し、洞察（考察）へと昇華させるか」を中心に話を進めました。数字の背後にある要因や顧客心理、競合の動きなどを読み解くことで、「なぜこの数字が出たのか？」をより立体的に理解し、その先に生まれる「じゃあ、こうしたらもっと良くなるのでは？」というアイデアを掴む――これが考察の醍醐味でもあるとお伝えしました。

しかし、ビジネスや現場にとって重要なのは、その考察がどのように提案へと結びつくかです。優れた洞察があっても、「どう行動すればいいのか」が明確になっていなければ、組織としては次の一手を打ちにくいでしょう。そこで本節では、データ分析の「考察」から〝一歩踏み込んだ提案〟を作り上げるためのステップや考え方を、具体例を交えながら解説していきます。

データの示唆をビジネス施策へ変換する

多くの企業・組織で行われるデータ分析は、レポート作成や定例会議での共有をゴールに設定しがちです。もちろん定期的な報告が悪いわけではありませんが、それだけでは「数値を可視化しておしまい」という状態に陥りやすくなります。データ分析の本来の価値は、〝結果を見て意思決定や施策を変えていく〟ところにあります。

例えば、「この月の売上が15％増加しました。理由はＳＮＳキャンペーンの効果と推定されます」だとレポートで終わってしまうが、さらに「では他カテゴリでもＳＮＳ施策を強化してみては？」と踏み込めば、一気に〝実行〟へと近づいていきます。つまり「提案」とは、〝数字の背後にある示唆〟と〝具体的なビジネス行動〟を結びつけるための接点です。これがなければ、データ分析の成果は宝の持ち腐れになりかねません。

提案を検討する際、まずはデータに基づいて得られた示唆や洞察を整理しましょう。たとえば「カテゴリAの売上が伸びている」「新規顧客がリピートしにくい」「30代男性の購入比率が想定以上に高い」など、分析を経て発見した事象・傾向のうち、特にインパクトが大きいものをピックアップします。そして、それらがビジネスや顧客体験にとってどんな意味を持つかを再確認したうえで、「だからこうしたらいいのでは？」というアイデアに落とし込む流れです。

それは、ストーリーを組んでいく作業にもつながっていきます。すごく簡単な例では下記のようになります。

【例】
示唆：リピーターが離脱しやすい（再購入率が低い）
アイデア：
短期
短期クーポン配布やパーソナライズしたメール配信
中長期
中長期ロイヤルティプログラムの検討など

このように、分析した結果をなるべく〝行動レベル〟に細分化してあげると、社内検討がスムーズに進みます。

提案を分解する視点：短期と中長期を意識する

提案は、すぐに即効性のある〝短期施策〟と根本的改革を狙う〝中長期施策〟の両方があると良いでしょう。データ分析を行っていくと時に根本的な問題や課題を発見できることがあります。しかし、根本的な改革には様々な障壁も存在します。それは社内の風土であったり、人であったりします。なかなか、人の習慣を変えるのは難しいのです。そこで、即効性のある"短期施策"で成果を挙げつつ味方を増やして、少しずつ抜本的な施策に向かっていくと良いでしょう。また、抜本的な施策はコストや時間がかかる点にも注意が必要です。第2部でも触れますが施策も思考のレイヤーは違いますが施策も新たな仮説にすぎません。この施策で本当に改善できるのかは検証していく必要があります。検証はクイックにという観点からも、なるべく短期的に検証できる施策も混ぜていくのが良いでしょう。「大きく考え、小さくはじめ、早く学ぶ」が鉄則です。

では、まず短期試作を考えていきましょう。ビジネス現場では、即効性のある施策（QuickWin）を求められることが多いでしょう。分析結果をすぐに試せる形で示すと、実行ハードルが低くなり、組織の了承も得やすくなります。

【例】
・SNSキャンペーンやクーポン配布
・在庫補充の優先度を上げる

・顧客ターゲットを絞ったメール配信や広告運用

短期施策の特徴：
コストも比較的小さい。
効果測定がしやすい。
早い段階で成果が出れば社内評価が高まり、次の施策拡大につなぎやすい。

では、続いて、根本的改革を狙う〝中長期施策〟です。「リピーター率を根本から高めたい」「ブランド全体の魅力度を向上させたい」「組織横断的なデータ基盤を整備したい」などの課題は、短期的な一施策では解決しきれません。

【例】
・大規模な顧客データ統合（CDP構築など）
・新たなビジネスモデルやサービスラインナップの見直し
・オフラインとの連携施策（実店舗×ECのオムニチャネル化）

中長期施策の特徴：
投資やリソースが大きくなりやすい。
効果が出るまでに時間がかかる。
しかし実現すれば、競合優位性や持続的な収益改善など、長期的インパクトが期待できる。

初心者が最初から大規模改革を提案しても、社内合意を得るのは難しいかもしれません。ただし、データ分析で得られた洞察が短期施策の成功を支え、その実績をもとに中長期施策への投資を獲得するというステップアップの流れはよくあるパターンです。提案書や説明の場では、この二段構え（短期＋中長期）を意識しておくと説得力が増すでしょう。

また、組織への働きかけ方／合意形成とコミュニケーションも重要になってきます。提案を実行に移すためには、多くの場合、複数の部署や意思決定者の合意が必要です。ECサイト運営なら、マーケティング部門だけでなく、在庫・物流部門、カスタマーサポート部門、システム担当など、関係者が多岐にわたります。そこで提案時には、まず「誰がこの施策に関係するか」を把握し、それぞれが何を懸念し、何を期待しているかを考えておきましょう。

【例】
マーケティング：広告費やＫＰＩ達成に直結する施策を重視
在庫・物流：欠品リスクやコストの増減を気にする
経営層：投資対効果やブランディング、企業全体の方向性

しっかりとステークホルダーを洗い出したら、数字を根拠にしつつも相手の言語で話をするようにしましょう。データ分析から出てきた数字は、提案の説得力を高める強力なツールです。しかし、数字だけ並べても相手によってはピンと来ない場合があります。〝数字の何が重要か〟を、各ステークホルダーに分かりやすい言葉や指標で示すのがコツです。

【例】
経営層には「施策による売上アップ見込み」や「ＲＯＩ（投資回収期間）」を示す。
現場担当には「作業負荷やオペレーション手順がどう変わるか」を数値＋フロー図で解説
こうした〝相手が欲しい情報〟を先回りして提示できると、合意形成がスムーズになりやすい。

提案資料（アウトプット）の作り方と注意点

では、いったいどのように提案資料を作成すれば良いでしょうか。本書では、あまり提案資料に関しては深く触れませんが、いくつか意識すべきポイントを押さえておきます。

①シンプルな構成を心がける

提案資料を作成する際、つい多くの数字やグラフを詰め込みがちですが、読み手の立場を想像すると、「結局、何が言いたいの？」が分からなくなるのが一番困ります。以下のような基本構成を意識すると、伝わりやすい提案資料になります。

現状と課題：
「データ分析でわかった事実」を端的にまとめる（図・グラフで見せてもOK）。
例：「リピーター率が前月比で低下」「カテゴリAの在庫不足が月末に集中している」など。

原因・背景（考察）：
なぜその数字が出ているのか？ どんな要因が考えられるか？
例：「若年層はクーポンで動くが、中高年層はあまり利用しないため離脱率が高い」など。

提案内容：
具体的な施策アイデア（短期／中長期）、投資コスト、スケジュール、予想効果などを示す。
可能ならPoC計画も添える。

メリットとリスク：
施策を実行すれば何が良くなるのか？ どんなリスクがあるか？
リスクへの対策案やフォロー体制を簡潔に提示。

結論・お願い事項：
〝この場で承認を得たいこと〟や〝必要なリソース・予算〟などを明確化。
数字の細かい裏付けや追加資料は、必要に応じて補足資料（Appendix）にまとめると良いでしょう。メイン資料は読みやすさ・わかりやすさを最優先に。

②過度に〝データ分析の手法〟を強調しすぎない

提案資料では、どのような分析手法を使ったか（回帰分析、機械学習モデルなど）を長々と説明するよりも、得られたインサイトや施策のインパクトを中心に据える方が効果的です。もちろん相手が分析の専門家なら、具体的な手法を共有する意義はありますが、経営層や他部門の担当者には「何がわかったのか？」が最優先となります。

例：「相関分析を行った結果、Aカテゴリへの興味関心が高いユーザーは再購入率が××％高い」
ここでは手法の詳細を深く述べるより、「だからAカテゴリの顧客に追加クーポンを配布するとリピート率が上がる可能性がある」というメッセージを強調するほうが通りやすい。

③〝数字の落とし穴〟をあらかじめケアしておく

期間の設定やサンプルバイアスはないか？
「この数字はセール期間だけの話では？」と突っ込まれないよう、資料にも注意書きや前提条件を記載しておく。
KPIや指標の意味を噛み砕いて伝える
例えば〝CVR（コンバージョン率）〟などの用語を使う際は、「売上につながる購入率を指しています」など、簡単な補足を入れると親切。

提案を運用・実行しながら分析を続ける

さて、提案をしたら次は何をするのでしょうか。提案したら当然施策の実行が行われます。しかし、前記したようにこの施策で正しいのか？という問いが生まれます。つまり、施策のモニタリングが重要です。これはデータ分析脳の次のサイクルでもあります。実際のビジネスでは、提案が通って施策が実行されても、それが本当に効果を上げているかどうかを継続的にチェックし、データ分析を回し続けることが重要です。

例：「クーポン配布施策を実装したらリピーター率はどう変わった？ 週次で追いかけよう」
例：「SNSキャンペーンの拡散度合いと売上の相関を月次レポートに加えよう」

提案した施策の効果測定を怠ると、〝やってみたけどよくわからない〟で終わってしまいます。むしろ、施策実行後のデータから新たな気づきや改善点が生まれ、次の提案や仮説へと繋がるのです。

また、小さく回すサイクルを意識して〝提案精度〟を高めるのも重要です。前章までに学んだように、「小さな問い↓仮説↓検証↓考察↓提案」のサイクルを細かく回すアプローチは、施策実行後の検証フェーズでも大きな威力を発揮します。

小さく回すメリット：
失敗しても大きなダメージが少ない（リスク分散）
成功したらすぐに拡大できる（アジリティ向上）
分析結果をすぐに反映し、次の提案へ移れるため、学習スピードが速い

こうした試行錯誤を積み重ねるうちに、データ分析はレポート作成の道具ではなく、〝実際に成果を生むための当たり前の流れ〟として組織に定着していくでしょう。

ここまで、考察から提案へ落とし込む大枠のステップや注意点を解説してきました。実際の現場では、「自分なりに提案したつもりでも、うまく通らなかった」「中途半端な施策を打って失敗してしまった」など、さまざまなリアルなドラマが発生します。次節では、〝リアルな成功・失敗事例〟にスポットを当て、その背後にある提案プロセスや合意形成のポイントをもう少し具体的に掘り下げます。成功だけでなく失敗事例にも多くの学びが詰まっており、「どうすればデータ分析をビジネス成果に直結させられるのか？」という問いに対して、より実践的な知見を得られるはずです。

小さなサイクルを回すことで提案精度が上がり、データ分析の文化が組織に定着していく。次節では、具体的な成功・失敗事例を通じて「提案がうまくいったとき／いかなかったとき」の差を学び、さらにどう実務に活かすかを考えていきましょう。分析結果をどう提案して、どのように実行へ移すのか――その〝リアル〟を知ることで、あなた自身のデータ分析脳もより強固になっていくはずです。

成功・失敗事例：売上データからの提案例

前節では、「考察を踏まえてどう提案を組み立てるか」を詳しく見てきました。数字の示唆を整理し、短期施策と中長期施策をバランスよく提示して、ＰｏＣなどを活用しながら組織内の合意を得るプロセスが重要であるとお伝えしました。しかし、実際の現場では、必ずしもすべてがスムーズに進むわけではありません。提案を実行に移して〝成功〟につながるケースがある一方で、思わぬ落とし穴にはまって〝失敗〟に終わるケースも決して珍しくないのです。

ここでは、「成功・失敗事例」という形で具体的な売上データ分析から生まれた提案が、実際にどのような結末を迎えたのかを紐解いていきます。事例を通じて、提案プロセスがどのようにビジネス成果に直結するのか、またどこで歯車が狂うのかを学ぶことで、より実践的な視点を養っていただければと思います。

小さな問いから〝在庫最適化〟につなげた成功ケース

①背景：欠品が目立ち顧客満足度が低下

あるECサイトでは、特定カテゴリ（たとえば家電・ガジェット系）で欠品が頻発し、顧客から「欲しいときに在庫がない」というクレームが増えていました。売上データをざっと確認すると、在庫不足が顕著な月は売上自体が伸び悩んでおり、「在庫切れで顧客が離脱しているのでは？」という不安が高まっていたのです。

②データ分析の流れ

問い：「いつ、どの商品がどれだけ欠品しているのか？」

仮説：「人気商品の在庫管理が後手になっているはず」「季節要因（年末商戦、セール時期）で急に需要が高まっている？」

検証1：月別・商品別売上&在庫量をクロス集計
棒グラフや折れ線グラフで〝売上推移〟と〝在庫残数〟を重ね、どの時期に欠品が多いかを可視化。
検証2：カート落ち率や顧客離脱率との関連を見る
欠品が多かった月はカート離脱率が高いことが判明。
競合サイトで同商品が潤沢に在庫を持っていたという外部情報もあり、顧客が流れていた可能性が浮上。

ここまでの分析で、「欠品により売上機会を逃している」という確度の高い事実が見えました。

③提案内容と実行

提案内容：
季節要因やセール期間を考慮し、〝需要予測〟をさらに精緻化。
人気商品（特に2～3個の主力製品）での在庫補充リードタイムを短縮する。
在庫不足が頻発する月の発注量を1．2倍に増やす。

短期施策：
特定カテゴリの人気商品を〝早期発注〟枠として設定し、サプライヤーに優先的に確保を依頼。
社内システムで在庫アラートの閾値を下げ、即時補充を可視化。
中長期施策：
次年度までに需要予測システムを導入し、競合・外部データ(季節要因、トレンド指数)も勘案した自動発注を試験運用。

④成果と要因

実際に提案が通り、在庫管理ルールを見直したことで、翌シーズンには〝人気商品が欠品しにくい〟状態を達成。顧客アンケートでも「欲しい商品がすぐ届く」「以前より在庫が安定している」との声が増え、売上も前年同期比で大幅に伸びました。決め手となったのは以下の点です。

データに基づく根拠：「いつ欠品が多いか」を具体的な数字で示し、売上機会損失が何%

発生しているかを試算。経営層への説得力が高まった。

短期・中長期をセットで提案：まずは手動で早期発注を強化し、効果が出たら本格的にシステム導入へ拡張するという段階的アプローチが実行ハードルを下げた。

リピーター施策を的確に打ち、顧客満足度を上げた成功ケース

①背景：新規顧客獲得は順調だが、再購入率が低い

同じECサイトの事例ですが、別のカテゴリ（たとえば生活雑貨系）では新規顧客の購入が多い一方、リピーター率が思ったように伸びていませんでした。マーケティング担当者からは「顧客に対して、何か継続利用を促す施策が必要では？」という声が上がっていたのです。

②データ分析の流れ

問い：「誰がどんなタイミングで離脱しているのか？」
仮説：「初回購入後に特典やメリットが少なく、再訪を促せていないのでは？」
検証1：新規顧客×商品カテゴリごとの再購入間隔・再購入率
〝初回購入から2回目の購入までの日数〟や〝2回目以降の離脱率〟を細かく可視化。
検証2：クーポン利用状況、メルマガ開封率

「クーポン発行しても使っていない人が多い？」「メルマガを開封しない人が一定数いる？」などを確認。

分析の結果、「初回購入から1週間以内にもう一度アクセスした人はリピート率が高い」という傾向が判明し、〝最初のフォローメールやクーポン送付が鍵〟という示唆が得られました。

③提案内容と実行

提案内容：

初回購入者向けに〝購入後7日以内に限定クーポンを自動送付〟

メールだけでなく、SNSやプッシュ通知（アプリなど）も活用

在庫や関連商品のレコメンドを合わせて表示（A商品を買った人にB商品を提案）

短期施策：

7日以内のクーポン施策をすぐに導入し、効果を週次でモニタリング。

顧客データベースと連携し、購入日をトリガーとするメール配信を自動化。

中長期施策：
リピート客が好むカテゴリの品揃え拡充や、定期購入モデル（サブスクリプション）検討。
ロイヤルティプログラム（購入金額累積によるランクアップ）導入のための社内体制整備。

④ 成果と要因

この施策によって「7日以内の再訪率」が大幅にアップし、1回購入したら2回目・3回目と購入する顧客が増えました。特に生活雑貨カテゴリではリピートのサイクルが短く、クーポンやレコメンドとの相性が良かったことが大きな成功要因です。

データが裏付ける具体的アクション：
「7日間」という明確な数字が提案内容をわかりやすくし、組織内で承認が得やすかった。
ターゲットセグメントへの〝適切な〟施策：
一律でクーポンをばらまくのではなく、〝初回購入者〟を絞り込んだことが効果測定と費用対効果の向上に繋がった。

競合状況を見誤り、〝在庫過多〟に陥った失敗ケース

① 背景：別カテゴリでの成功を横展開しようとした

ここで一転、失敗事例です。先述した〝在庫最適化〟の成功を見た他部門が、「じゃあ、うちのカテゴリでも売上アップを狙って在庫を潤沢に持とう」という安易な模倣をしたのです。ところが、そのカテゴリは同じ家電・ガジェットでも「流行サイクルが短いスマホアクセサリ」などの特性があり、在庫リスクが比較的高い商材でした。

② データ分析の甘さ

仮説：「欠品しなければ売上が上がるに違いない」

実際の状況：
過去売上データを詳しく見ると、特定の商品が発売開始から数週間後には急に需要が落ちる〝流行型〟の特徴があった。
競合サイトがより安価・同等品質の〝互換品〟を投入してくると、一気に価格競争に陥る。

ミス：

〝競合状況〟を深掘りせずに在庫増だけを提案。
過去の成功パターンに当てはめただけで、カテゴリごとの需要サイクルを考慮しなかった。

③結果：在庫過多でコスト増、売上も伸び悩み

在庫を大量に確保したものの、競合が類似商品のセールを開始したり、人気のピークが短くて売り時を逃したりして、結局は予定ほどの売上を稼げず大きな在庫を抱えてしまったのです。保管コストや値下げ処分の損失が発生し、経営層からは「一体、どのデータを見て判断したの？」と厳しい指摘が入ったと言います。

失敗要因：
成功事例の〝前提条件〟をコピーせず、きちんと検証しなかった。
市場や競合の動きを把握しておらず、需要見込みが過大だった。

高額商品の販促が顧客層とミスマッチで失敗したケース

①背景：売上をさらに伸ばそうと〝高額商品押し〟を提案

もう一つの失敗事例は、「客単価を上げるために高額商品を強化すれば売上も大きく増えるだろう」という安易な発想から始まりました。ＥＣサイトのマネージャーが、「中低価格帯を買う顧客にも高額商品を知ってもらえば、単価アップが望めるのでは？」と仮説を立て、大々的にキャンペーンを打ち出したのです。

② 分析不足の点

仮説：「高額商品の露出を増やせば、現有顧客も興味を持ち購入してくれるはず」

実際のデータ：平均購入金額が３，０００～５，０００円程度の顧客が大半。リピーターになっている層は〝実用的な価格帯〟を求める主婦層やファミリー層が中心だった。

見落とし：このリピーター層は高額商品に興味関心が薄く、強い価格訴求や機能差別化がないと動かない。

結果的にキャンペーンが空回りし、むしろ「高い商品ばかり宣伝されるようになった」と嫌気して離脱した顧客まで出てしまった。

③ 失敗の結末：コストばかりかかり、離脱率アップ

キャンペーンに広告費を投入したものの、高額商品の売上は期待を大きく下回りました。さらに、既存顧客が「自分たち向けじゃない」と感じたのか、サイトへのログイン頻度が落ちるケースも観測され、せっかく育てたリピート客を失うリスクを増大させてしまいました。

失敗要因：
顧客セグメントの購買単価や心理を十分検証せず、勝手な仮説で突き進んだ。施策開始後のモニタリング体制も不十分で、離脱率が高まっているサインを早期発見できなかった。

本節では、成功・失敗の両事例を通じて「分析結果と提案がどのようにビジネス成果へ繋がるか」「どんな落とし穴があるか」を紹介しました。成功事例には〝データをしっかり読み込んで具体的・短期的施策を打ちつつ、中長期ビジョンにも触手を伸ばす〟という共通項が見られ、失敗事例には〝分析の前提を十分に考慮しないまま施策を進めてしまう〟という落とし穴があるので覚えておくと良いでしょう。

ここまで読んだ皆さんはなんとなく感じているかもしれませんが、「小さなサイクルの積み重ねが生む成果」が最も重要です。今回の事例にも出てきたように、成功と失敗を繰り返して学習を重ねることこそが、最終的に組織の文化やビジネスモデル全体の変革につながる大きな推進力になります。分析→提案→実行→再分析…という小さなサイクルを積み上げる重要性を再確認し、一歩踏み込んだビジネス・インパクトを目指していきましょう。

小さなサイクルの積み重ねが生む成果

ここまでは、「分析結果を踏まえた考察」と「ビジネスへの提案」、そして「成功・失敗事例」を通じて、実際の施策や意思決定へ活かすプロセスを学んできました。データ分析の面白さは、数字から意外な事実を発見することだけでなく、〝実際に行動や施策を変え、その結果をまた分析する〟という循環にあるといえます。本節では、そうした〝小さなサイクル〟を繰り返し積み重ねることで得られることの重要性を再確認するとともに問いのレイヤーを上げていく感覚を説明して、第Ⅱ部に繋げていきましょう。

データ分析で得られる一時的な〝発見〟は、あくまで始まりにすぎません。そこから自分なりの提案を出し、実際に試してみて、さらに次の分析へと繋げていく。このサイクルを粘り強く継続することで、ビジネス上の成果はもちろん、組織や個人のキャリアにおいても大きな成長が期待できます。第2章でも触れたように、データ分析の基本フローは「問い→仮説構築→検証→考察→提案」であり、本章では主に考察から提案までの流れを詳しく解説してきました。しかし、提案が実行された後で終わりではありません。〝提案実行の結果をもう一度データで検証し、新たな課題や仮説を立てる〟というプロセスに戻ることで、一連の分析サイクルが完成します。

【例】
分析：リピーター率が低いと気づく
提案：クーポン配布施策を実施してみる
実行：1ヶ月間クーポンを配布
検証：クーポン利用率や再購入率を測定して効果を評価
再考察→提案：うまくいっていれば拡大、ダメなら軌道修正

こうした小さなPDCA（Plan-Do-Check-Act）サイクルやアジャイル開発的な思考が、データ分析の成果を最大化する秘訣です。

第3章を通じて見てきたように、データ分析の先には「洞察（考察）」と「提案」、そして「実行→再分析」というサイクルが待っています。小さな問いの積み重ねが思わぬ大きな成果につながる一方で、視座をさらに上げれば、より本質的で戦略的な問いにもアプローチできるようになります。それこそが、第Ⅱ部で扱う〝より質の高い問い〟をつくるプロセスなのです。視座が高まれば課題の規模も大きくなり、最終的には組織全体の戦略や新規事業の立ち上げにつながる可能性もあります。データ分析脳が深く根付けば、日常的なオペレーションだけでなく、経営レベルの意思決定にも大きな影響を与えることができるのです。


【例】

第Ⅱ部では「なぜこのデータを使っているのか？」「他に必要なデータは？」といったメタ視点を身につけ、分析の範囲や切り口を広げる。

競合や市場全体、顧客ロイヤルティなど、より大きなテーマに踏み込む方法を学ぶ。

新規事業開発やＰｏＣの実践例を通じて、データ分析脳をさらにステップアップさせる。


第3章は、小さなサイクルを具体的なビジネス施策へと繋げるためのノウハウや、成功・失敗事例を網羅した区切りの章でした。もし今、「自分の組織でもデータ分析を回せそう」「少しずつ提案に落とし込みたい」と思っていただけたなら、本章の目的は果たされたと言えるでしょう。

これで第3章「考察と提案―分析結果をどう活かすか」は完結です。次はいよいよ、第Ⅱ部「視座を上げて質の高い問いを作る」へと進みます。そこでは「データ分析をより大きなビジネス課題や組織戦略とどう結びつけるか?」という次なるステージの取り組みを学んでいきましょう。データ分析脳をさらにレベルアップさせるために、〝問い〟そのものを磨いていく旅を一緒に続けていければ幸いです。

第4章

「問い」を磨く：分析の出発点を高める

第Ⅱ部　視座を上げて質の高い問いを作る

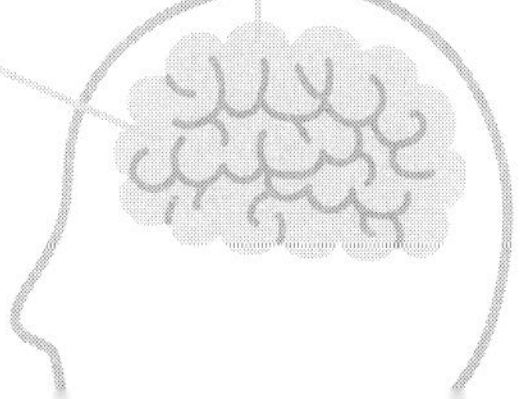

第Ⅰ部では、「小さな問いを回しながら、データ分析脳の基本的なサイクルを体験する」ことに焦点を当てました。ECサイトの売上データなどを例に取り、問い→仮説構築→検証→考察→提案→実行→再検証という流れを具体的に学んだわけです。ここまでの過程だけでも、業務におけるデータ活用は大きく進むでしょう。しかし、実務をさらに深めていくと、「そもそもなぜこのデータで分析しているのか？」「もっと上位の視点にアプローチしたら、新しい発見があるのでは？」という疑問にぶつかることがあります。

この第Ⅱ部では、そうした〝視座を上げて質の高い問いを作る〟というテーマに踏み込みます。より大きなビジネスインパクトを狙うためには、〝出発点となる問いの設定〟自体を見直し、必要に応じてデータの前提や活用範囲も広げていく必要があるからです。

本章では、まずは「前提を疑うことで視座を上げる」というキーワードを軸に、分析のスタート地点を見直すアプローチを解説していきます。

前提を疑うことで視座を上げる

「なぜこのデータで分析しているのか？」を問う意味

多くの企業・組織では、「最初からこういうデータを使うと決まっている」「分析対象は売上データだけ」というように、無意識のうちに〝与えられた前提〟を疑わずに進めているケースが少なくありません。確かに、業務上すでに整備されているデータがあるなら、それを使うのが一番手っ取り早いでしょう。

しかし、分析が一段進むと、「本当にこのデータだけで答えが得られるのか?」「別の情報も掛け合わせれば、まったく違うインサイトが生まれるのでは?」と感じる瞬間が出てきます。ここで「当たり前」「いつものやり方」に固執すると、せっかくの発想力が狭まってしまうのです。前提を疑うという行為は、決して〝否定〟だけが目的ではなく、新しい発見やクリエイティビティの源泉にもなります。(図4-1)

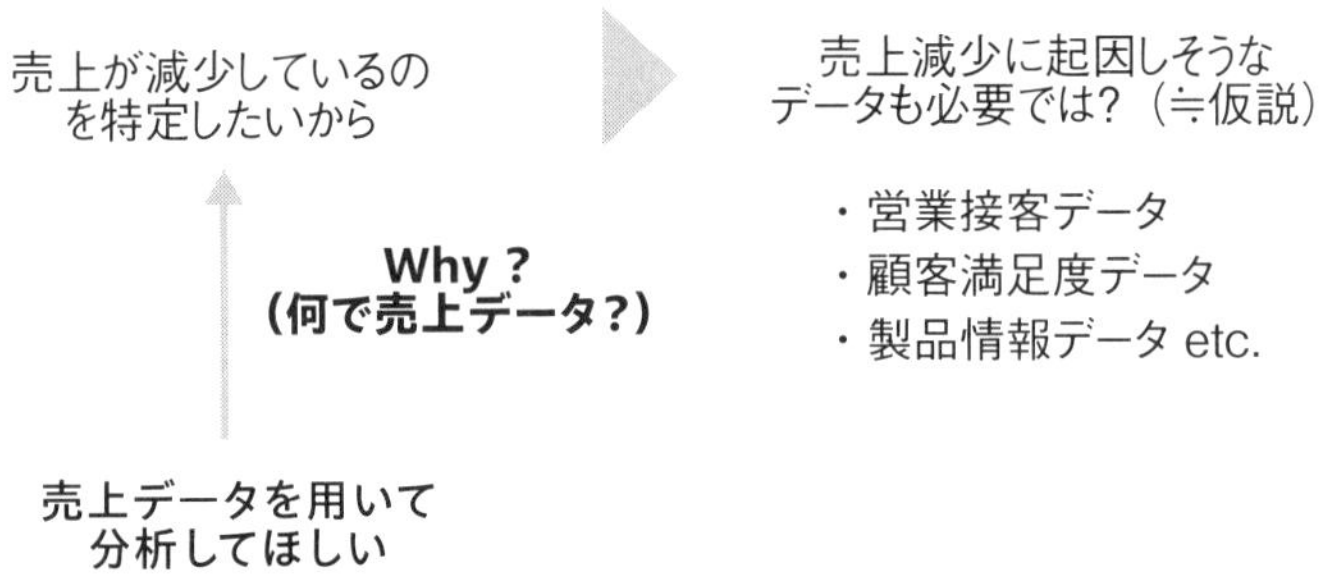
売上が減少しているの
を特定したいから
売上減少に起因しそうな
データも必要では？（≒仮説）
・営業接客データ
・顧客満足度データ
・製品情報データ etc.
Why ?
（何で売上データ？）
売上データを用いて
分析してほしい

図4-1　視座をあげる

また、ビジネスの現場で良く起こることとして、「うちには売上データしかないから」「顧客データの取得が難しいから」といった理由で、最初から分析の可能性を限定してしまうことがあります。もちろん、実務上の制約はあるでしょうが、そこを〝どう打破するか〟を考えるのも視座を上げるプロセスの一つです。

【例】
新たな顧客アンケートやインタビュー調査を実施して、定性情報を補完する。
外部のオープンデータや競合調査を掛け合わせる。
別部署が持っているデータを共有してもらえないか交渉する。

こうしたアクションを起こすには、そもそも「なぜこのデータだけで分析しているのか？」と問い直し、〝足りない部分〟を意識するところから始まります。

データ自体の抜け漏れやバイアスを見抜く重要性

第Ⅰ部でも少し触れましたが、あらゆるデータには必ず抜け漏れや偏り（バイアス）が存在します。例えば、ＥＣサイトのログデータ一つ取ってみても、

ユーザーがログインしないまま閲覧・購入していたデータは拾えていない
一部のブラウザやデバイスでは計測が正しく動作していない可能性がある
オフライン店舗での購入履歴は含まれていない

といった問題が潜んでいることがあります。そうすると、「サイトの利用者は若年層が中心」と思い込んでいても、実は年齢情報が取得されていないユーザーが一定数いた、なんてことがよくあるわけです。

〝前提を疑う〟とは、データ分析のプロセスにおいて「本当にこれ、バイアスかかってないかな？」と意識的にチェックリストを回すことでもあります。例えば、

サンプルバイアス：
アンケート回答者やユーザー登録した人だけを見ていないか？　それは全体を代表しているか？
期間バイアス：
セールやキャンペーン中の期間だけ分析してしまっていないか？　通常月とは数値傾向が違うのでは？

データ取得環境の変化：
途中で計測ツールを切り替えたり、サイトリニューアルしてログの形式が変わったりしていないか？

こうしたチェックポイントを設けておけば、〝当たり前に使っているデータ〟が持つ弱点やリスクを把握し、分析結果を過信しすぎることを防ぎます。同時に「この弱点を埋めるにはどんなデータが必要？」と次のアクションを考えるきっかけにもなるでしょう。

新しいデータソースを検討することで大きな発見につなげる

〝前提を疑う〟視点が芽生えると、自然と「今のデータでは得られない情報は何だろう？」と考えるようになります。例えば、ECサイト内だけの行動データでは、顧客のSNSでの反応や競合サイトへのアクセス状況は分かりません。

そこで、

SNSデータや口コミサイトの評価：
自社製品に対するユーザーのリアルな声や評判を取り入れ、売上データと突き合わせて考

察する。

他社や市場全体のトレンドレポート：

「競合が大規模セールをやっている時期は、相対的に自社サイトの流入が減るのでは？」など、外部環境を加味した分析が可能に。

地理・天気データ：

地域別の売上変動と天気や気温の相関を見れば、「雨の日はネット通販が伸びる」という仮説を検証できるかもしれない。

このように、今まで使っていなかったデータソースを検討すると、〝思わぬ角度〟から新たな問いが生まれ、大きな発見へ繋がることがあります。

また、外部データだけでなく、社内の他部門が抱えているデータと連携する方法も有力です。よくあるのが「在庫・仕入れ部門が持つデータ」「コールセンターが持つ顧客問い合わせログ」などで、これらは経営企画やマーケティング部門では十分に見られていないケースが多いです。組織内の〝部門間データ連携〟が生む相乗効果は計り知れないものです。

【例】
マーケ部門が売上データを見てキャンペーンを計画する際に、在庫部門の〝入荷スケジュール〟や〝流通制限〟を参照すれば、欠品や物流遅延のリスクを軽減できる。
コールセンターの問い合わせ内容を売上データと掛け合わせると、「どのカテゴリの商品に対して不満やクレームが多いのか？」が明確になり、改善優先度を判断しやすい。

こうしたデータ連携は、組織の壁を越えた協力体制を促し、分析の視座を大きく引き上げてくれます。「前提を疑う」ことは社内の他部署へのヒアリングやコラボレーションの呼び水にもなるのです。

視座を上げることで、より上位の課題にアプローチ可能

前提を疑い、新しいデータや他部門との連携を検討し始めると、自然と分析の領域が広がっていきます。例えば、当初は「店舗の売上をどう伸ばすか？」という課題だけに注目していたのが、下記のように課題の質が上がっていきます。

顧客体験全体を見直す：

「売上アップ」だけでなく、来店（サイト閲覧）→購入→アフターサポートまで、どんなデータや施策が必要かを考える。

サプライチェーンや流通網を含めた最適化：
「いつどの地域にどのくらい在庫を配置すればいいか？」といったロジスティクスの視点も合体させ、ビジネスモデル全体を俯瞰する。

他事業との連携や新たな収益モデル：
サイト流入経路から「メディア・広告ビジネスの可能性」、顧客属性から「サブスクリプションサービスの立案」など、新しいビジネス領域に踏み込むきっかけが生まれる。

このように、視座を上げる＝分析対象や前提を拡張し、より本質的な課題や経営レベルのテーマに取り組むということです。小さな問いに慣れてきたら、〝もっと大きな問いを立てたらどうなる？〟と挑戦してみると、ビジネスインパクトは一気に膨らむでしょう。

また、視座を上げるためには、「何をもって成功とするか？」というゴール指標（ＫＧＩや

KPI）を再設定するのも重要です。

たとえば、

売上増＝KPIから、「顧客ロイヤルティ向上」「LTV（ライフタイムバリュー）最大化」という上位目標（KGI）に切り替える。

期間別・カテゴリ別の数字だけでなく、「ユーザーのNPS（ネットプロモータースコア）」や「再購買率の推移」など、顧客ロイヤルティを測る指標も組み合わせる。

こうしたゴール設定の変化が、**「売上データを見るだけ」→「顧客体験全体を定量化して改善する」**という思考の飛躍を生み、〝問い〟が自ずと質的に高まっていくのです。

最後に、前提を疑うことで生まれるリスクとリターンを整理しておきましょう。

視座を上げて質の高い問いを作ることは、大きなビジネスチャンスをもたらします。たとえば「ECサイトの売上拡大」という狭い視野でなく、「ECが自社ブランドの認知やファンコミュニティ形成にどう寄与できるか？」と考えれば、SNS施策やオフラインイベント、さらには新しいコミュニティアプリ開発への道が開けるかもしれません。

【例】
・外部のSNSトレンドを取り込んだ商品開発やコラボ企画
・自社のECデータと店舗データを統合し、〝オムニチャネル戦略〟で顧客体験を一気通貫にする
・他社とのデータ連携で、共同キャンペーンや新規事業を立ち上げる

このように、前提を変える・疑うことで、当初想定していなかった新しい切り口が次々と浮上し、ビジネスモデルの革新につながる可能性があります。

一方、視座が高くなるほど、「分析したい領域」や「求められるデータの範囲」も広がるため、実装コストやリサーチ時間、関係者調整などが増大します。小さな分析であればすぐに結果が出るかもしれませんが、大きな問いはそうはいきません。

【例】
・新規事業の可能性を探るには、市場分析や競合調査、ターゲットインタビュー、PoCなど、多角的なデータと長期的な検証が必要

・社内外のデータをつなげるため、セキュリティやプライバシー保護の問題が発生し、プロジェクト期間が想定以上に延びる

こうしたリスクをマネジメントするためには、ＰｏＣやステップ分割が重要になってきます。「まずは小さな範囲で検証↓成功すれば拡張」という方法論が、第Ｉ部で学んだ〝小さな問いを回す〟アプローチとも親和性が高いのです。

本節では、「前提を疑う」ことで分析の入り口自体を見直し、より高い視点を得る意義を確認しました。データ分析は最初のとっかかりこそ〝小さな問い〟が有効ですが、慣れてきたら〝何を分析すべきか？〟そのものを再検討すると、一段上のインパクトや学びが得られます。引き続き、データ分析脳をレベルアップさせる旅を続けていきましょう。

次は、もう一歩具体的に〝問いのレベルを変える〟ステップを紹介します。なぜそんなに重要なのか、どんなテクニックで問いを上位に持っていくのか？　それらを把握すると、あなたのデータ分析脳はより広範なビジネス課題と結びつくようになるでしょう。

問いのレベルを変える具体的アプローチ

前節では、「前提を疑うことで視座を上げる」という概念を中心に、分析の入り口そのものを見直す重要性を紹介しました。たとえば「なぜこのデータを使っているのか？」と改めて問うことで、従来の発想を変え、新しいデータソースを検討したり、ビジネス全体の課題にアクセスしたりするチャンスが生まれるのです。ここでは、さらに踏み込んで「問いのレベルを変える」とは具体的にどのように行うのか、その考え方や手法を解説していきます。

「店舗の売上」だけでなく「ECビジネスモデル全体」を視野に入れる、あるいは短期KPIではなく長期KGIを設定して考えるなど、問題設定（問いの立て方）を上下にスライドさせるだけで、分析の成果は大きく変わります。組織のミッション・ビジョンと結びつくような問いを扱えるようになると、データ分析脳は一段高いレベルでビジネスの舵取りをサポートできるようになるのです。

「店舗の売上」から「ECビジネスモデル全体」へ視点を上げる

第Ⅰ部では、「小さな問いから始める」アプローチを重視してきました。実際、初心者のうちは「カテゴリAの売上が伸びているのはなぜ?」「リピーターが増えない理由は?」など、小さく具体的な問いを立てて仮説検証を繰り返すのが効果的です。しかし、分析に慣れてくると、自然に「売上を伸ばすためには、そもそもどんなビジネスモデルが最適なのか?」「本当にECサイトが目指すべき価値は何なのか?」といった一段抽象度の高い問いが頭をよぎるようになります。

【例】

「店舗ごとの売上が低迷…」→「そもそも実店舗とECの位置づけはどうあるべき?」

「ECで客単価が伸び悩む…」→「そもそも価格訴求型ビジネスが正しいのか?」

こうした問いを追求するためには、分析の範囲を〝売上データ〟だけに留めず、マーケット全体の動向や競合状況、さらに自社が提供したい顧客価値など、より広範な情報と思想を掛け合わせることが必要です。

では、具体例としてECビジネス全体を俯瞰する問いを考えてみましょう。

「なぜ当社はECを運営しているのか？」

ここまで立ち返ると、「オンライン販売を拡充することで地方顧客にリーチし、ブランドを全国へ広めたい」「データを活用して顧客との接点を強化したい」など、本来的なビジョンが浮き彫りになる。

「顧客体験を通じて、どんな価値を提供したいのか？」

リピート率やNPS（顧客推奨度）が鍵だと分かれば、単なる売上アップ施策ではなく、〝顧客ロイヤルティ向上〟という大きなゴールが見えてくる。

「自社の強み・弱みはどこにあるのか？」

競合や市場と比較しながら分析することで、商品ラインナップや物流、アフターサービスなど、ビジネスモデル全体で改善すべきポイントが分かる。

このように、問いのレベルを「店舗／カテゴリ」から「ECモデル全体」へシフトすると、扱うデータも「売上集計」だけでなく「競合情報」「市場レポート」「SNS評判」「物流コスト」などへ一気に広がり、より大きなインサイトを得られるようになります。（図4-2）

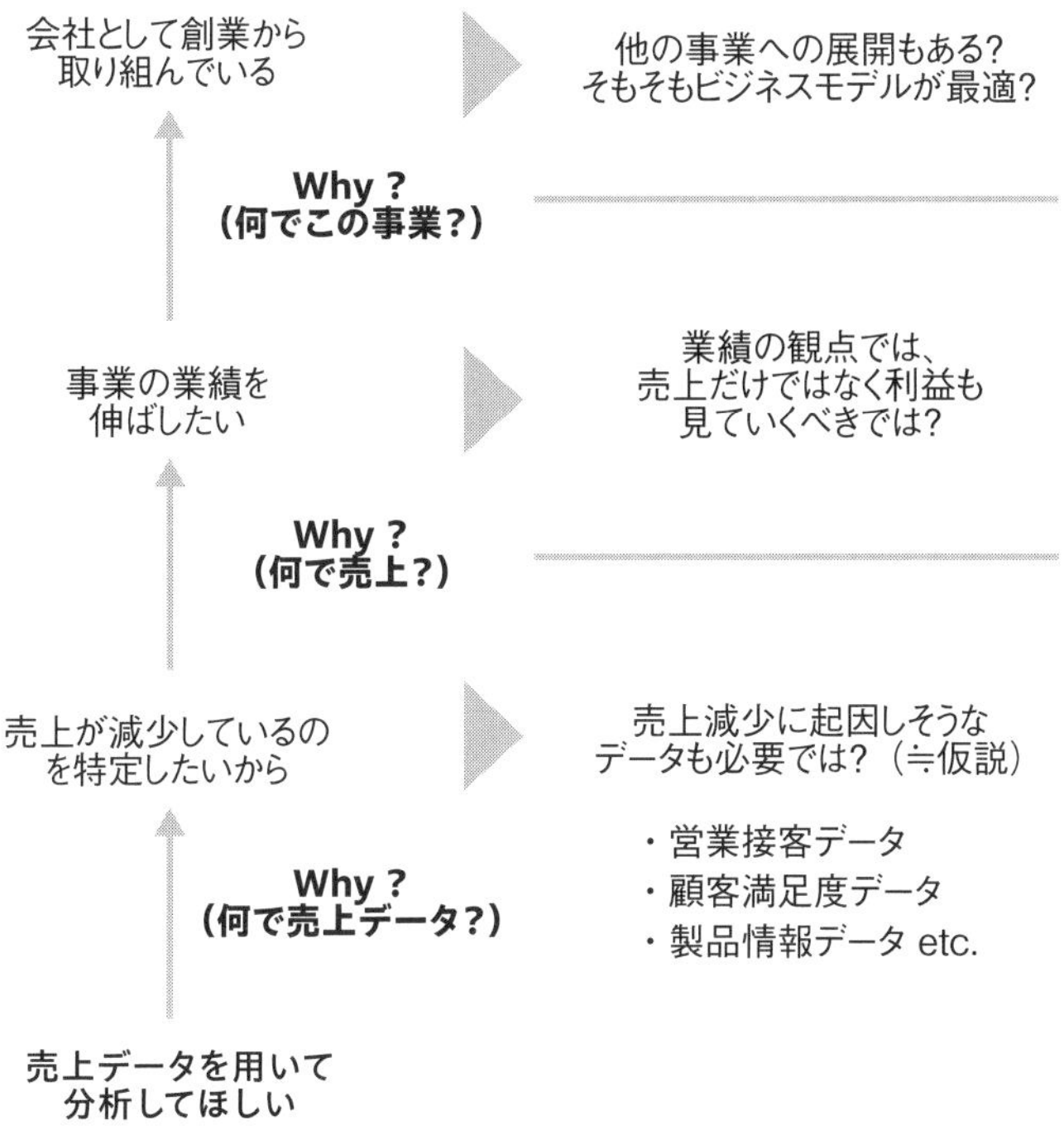

図4-2　問いのレイヤーイメージ

問いのレベルを変える際の具体的アプローチ

いきなり「もっと大きな問いを作れ」と言われても、具体的にどうやって考えればよいかわからない場合があります。そこで、分析フレームワークや思考ツールを活用すると効果的なのでいくつか整理しておきましょう。

・Why－Why－Why（なぜを繰り返す）
たとえば「なぜ売上が落ちている？」→「顧客が離脱しているから」→「なぜ離脱？」→「商品に魅力がないor価格が高い？」→「なぜ魅力が伝わっていない？」…と掘り下げるうちに、〝根本の課題〟に気づく可能性が高まる。

・So What？（だから何をすべきか）を何度も問いかける
「売上増えた→だから何？→新たな投資を検討できる→だから何？→EC以外の販売チャネル拡大？」と繰り返すと、より上位の視点に行き着く。

【〝視座のマトリクス〟を描いてみる】
縦軸：問いの抽象度（具体→抽象）

横軸：分析対象範囲（個別カテゴリ→全社・業界レベル）

というマトリクスを描いて、自分が今どこで問いを立てているのかを可視化してみる方法があります。すると「現在地は【具体×個別カテゴリ】付近だけど、もう少し【抽象×全社レベル】のところへ移動したらどうなる？」という発想が生まれ、具体的に何を検討すべきかイメージしやすくなります。

大きなインパクトとリスクを伴う、上位課題へのアプローチ

では、続いてインパクトとリスクを考えていきましょう。上位の問いを考えられるようになることは非常に重要ではあるものの、リスクも存在するのでここでしっかり押さえていきましょう。「顧客ロイヤルティを劇的に高める」「ECビジネスモデルを再構築する」といった上位の問いは、当然ながら検証範囲が大きくなり、データ収集・環境整備にかかるコストや時間も増加します。したがって、〝いきなり全部をやろうとしない〟ことが現実的です。

ステップ分割やマイルストーン設計：

3ヶ月以内でできること（ＰｏＣや実証実験）

半年～1年かけて取り組むこと（データ基盤やシステム整備）
2～3年かけて到達したい状態（新規事業・サービスの立ち上げ）

こうした段階的なアプローチを設計し、経営層や関係部署と合意形成しながら進めるのがポイントです。特にデータ整備やＩＴ基盤の導入は一朝一夕には進まず、〝小さな問い→大きな問い〟への段階移行が不可欠となります。

上位課題を扱うと、ビジネスインパクトは当然高まりますが、同時にリスクや不確実性も上がります。例えば、市場参入や新規事業立ち上げの場合は投入予算や競合の激しい反応など、失敗したときのダメージが大きいです。

リスク低減策：
PoC（Proof of Concept）で仮説を部分的に検証し、投資対効果を見極める
MVP（Minimum Viable Product）を出して顧客の反応を得る
データ連携の段階的実装を試みる（まずは一部データセットから始める）

このように、大きな問いに挑む際も〃段階的アジリティ〃や〃リーンスタートアップ〃的な手法を掛け合わせると、失敗リスクを抑えつつ学習しながら前進できます。

次は「質の高い問いが導く、新たな仮説と検証」というテーマで、上位レベルの問いを具体的に検証していく際のポイントを解説します。上位課題ほどデータ整備や時間が必要になる反面、より大きなインパクトが得られる可能性が高いです。その分、設計段階やリスク管理が重要になるため、ここで学んだ〃レベルを上げる〃視点をさらに検証プロセスに落とし込み、実践できるようにしていきましょう。

具体的に〃上位課題をどう検証していくか？〃という部分を深堀りしつつ、データ分析脳をさらに洗練させる道筋を学んでいきましょう。引き続き、一緒に視座を高める旅を続けていきたいと思います。

質の高い問いが導く、新たな仮説と検証

前節では、「問いのレベルを変える具体的アプローチ」として、課題のＫＧＩ・ＫＰＩを高次元に設定したり、組織のミッション・ビジョンに紐づけたりする方法を紹介しました。店舗

レベルの売上分析だけでなく、ECビジネスモデル全体や企業全体のゴールを意識して〝視座を上げる〟ことで、より大きなビジネスインパクトを狙うデータ分析が可能になります。

しかし、上位視座の問いは往々にして範囲が広く、データの抜け漏れやバイアス、想定すべきリスクも増大します。そのため「どのように仮説構築し、検証を進めるか」がいっそう重要になってきます。本節(3)では、質の高い問いが生み出す〝新たな仮説〟や、それを検証する際の留意点を整理しながら、〝上位課題〟に対するアプローチをさらに具体化していきます。

「顧客ロイヤルティ向上」「市場拡大の可能性」といった本質的な問い

たとえば視座を高め、「ECサイトで売上を上げるには?」から「顧客ロイヤルティを高めるには?」や「市場そのものを広げるには?」といった問いに進むと、分析すべき対象は必然的に大きくなります。具体的には以下のようなトピックが浮上するでしょう。

顧客ロイヤルティ向上:

NPS(ネットプロモータースコア)やカスタマージャーニー全体の可視化

アフターサービス・問い合わせ対応品質の分析

リピート購入時の心理要因や満足度調査(定性情報)

市場拡大の可能性：
競合他社の動向(価格戦略、商品ラインナップ、サービス品質)
地域拡大や海外進出に伴う物流・言語対応の検討
新規事業やアライアンスの検証(他業界コラボなど)

ここでは、従来の売上データだけでは到底足りないため、外部レポートや他部門データ、さらには顧客インタビューやアンケート、SNSの感想など定性情報も組み合わせる必要が出てきます。「幅広い情報をどう整理し、どんな仮説を立てるか」が上位課題の検証では最大のポイントです。

売上アップを狙うにしても、上位視座では「顧客が求めている価値」や「顧客体験のどこに課題があるのか」という視点が不可欠です。具体的には、

「なぜ顧客は他社製品ではなく、当社の製品を選んでくれるのか？」

「どのような体験を通じて、顧客はリピート購買を決断しているのか？」
「未開拓の顧客層や地域には、どんな障壁があるのか？」

といった問いが浮かんできます。ここでの仮説は「顧客心理」をベースにしたものが多く、定性調査や顧客インタビューの結果、あるいは顧客行動ログ（アクセス経路、ＳＮＳフォロー状況など）との紐づけが鍵となるでしょう。数字だけでなく、人間や市場の動きを総合的に捉えるという意味で、上位課題は一層クリエイティブな仮説構築を求めてきます。

上位課題ほど検証範囲が広がり、データ整備や時間が必要になる

前節でも触れたとおり、上位課題を扱うにはリソースや期間が必要です。たとえば顧客ロイヤルティを本格的に測定する場合、「ＮＰＳをどのように取得し、継続的にトラッキングするか？」というシステム面の準備が必要になったり、社内の複数部署と協力してアンケートを実施したりする必要が出てきます。また、市場拡大を検討する場合は、海外向けサイトの構築やローカライズ対応、現地物流の調査なども視野に入るかもしれません。

【例】

顧客ロイヤルティ向上のためのプロジェクトチームを立ち上げ、半年〜1年単位で施策を計画し、NPSの推移を追う。
海外市場の進出可能性を探るために、海外向けECのPoC（試験的な小規模出店）を行い、そのデータを収集して分析。

こうした長期的・複数部門連携のプロジェクトでは、〝仮説構築→検証〟のサイクルも大がかりになります。つまり、小さな問いを素早く回す場合とは違い、ステップ分割やマイルストーン設定がより重要だといえます。

上位課題を分析するには、売上データだけでなく顧客データベース、問い合わせログ、アクセスログ、さらにはマーケットリサーチデータなど、幅広い情報が必要です。これらがバラバラに管理されている場合、社内の各部門や外部パートナーとの交渉が不可欠になります。

【例】
マーケティング部門が所有するアクセスログと、サポート部門が管理する問い合わせ履歴を合わせたい→個人情報保護やシステム仕様の問題で簡単に統合できない……

データ分析のために開発部門の協力を得るには、優先度や工数、セキュリティ面の審査が必要。

こうした調整を行うには、根拠づけやコスト対効果の説明が欠かせません。「これだけの期間と投資が必要だが、その分これだけ大きな可能性がある」という絵を描いて、組織全体のコンセンサスを得るのが、上位課題を検証するうえでの大きなハードルでもあります。

大きなインパクトの代わりにリスクも伴うため、検証設計が重要

PoC(Proof of Concept)で段階的に検証する

ビジネスの世界では、どんなに良い仮説や新規事業アイデアがあっても、いきなりフルスケールで投資するのはリスクが高いのが現実です。そこで「PoC（Proof of Concept）」を用いた段階的検証がよく活用されます。

PoCの流れ：

仮説を明確化し、検証に必要な指標（KPI）を設定

小規模かつ短期間で実験し、データを収集
成果や問題点を分析し、施策を修正または拡大するか判断

たとえば、「海外市場での販売可能性を探る」場合は、一部地域限定でテスト販売を行い、売上・顧客反応・物流コストを確認する。その結果が良好なら範囲を広げ、悪いなら早期に撤退か修正する、というプロセスを踏むわけです。このように段階的アプローチを設計し、検証の〝当たり外れ〟を迅速に判定するのがポイントとなります。（図4－3）

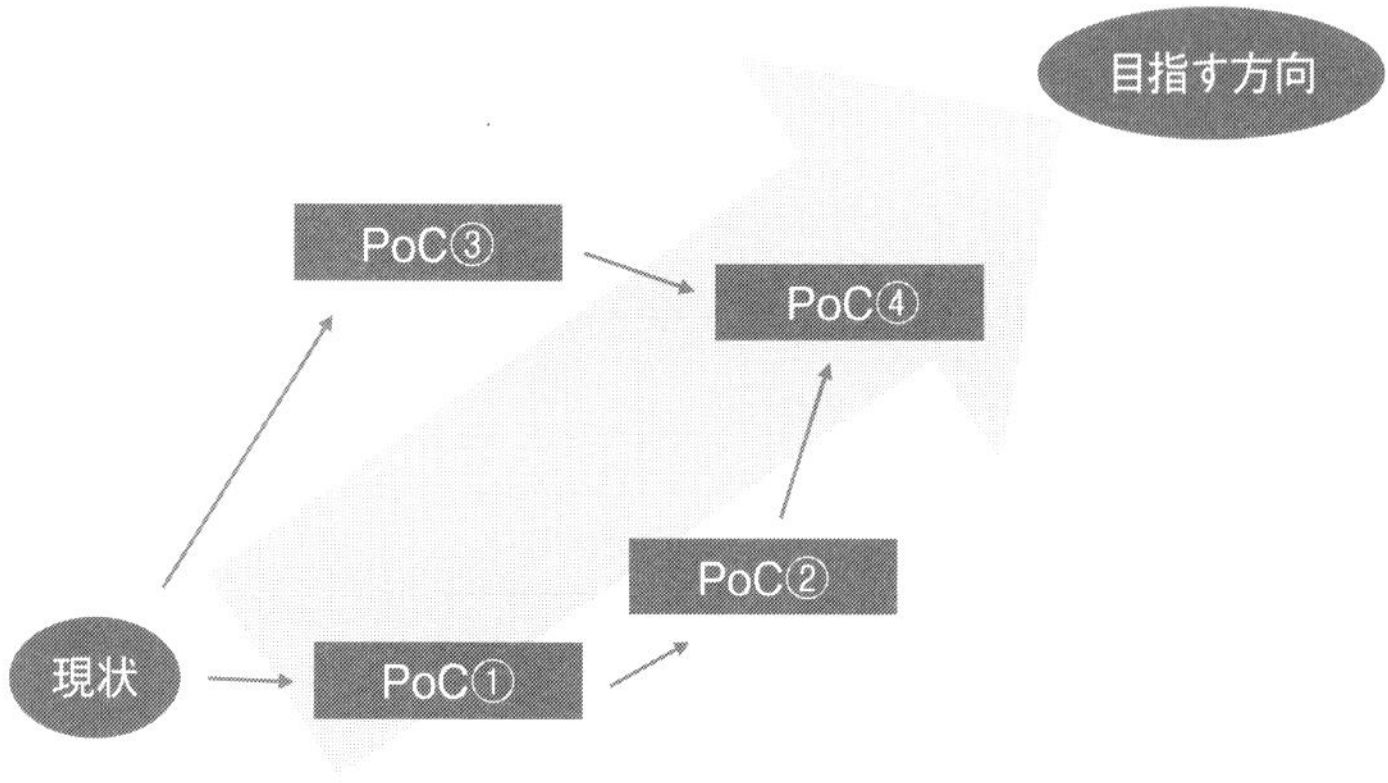

図4-3　PoCの流れ

上位課題の検証では、失敗したときのコストや影響範囲が大きいため、モニタリング体制の強化が不可欠です。施策を打ったらすぐに効果測定し、想定外の事象が起きていないかを追跡する仕組みを整えておきましょう。

【例】
・新たなキャンペーンを展開したら、他のカテゴリ売上や顧客クレームが増えていないかリアルタイムで把握する
・データをダッシュボード化し、関係部署がいつでも状況を共有できるようにする
・リスクが顕在化したときの〝プランB〟や〝撤退ライン〟を事前に決めておく

こうしたリスクマネジメントがしっかりしていると、上位課題に挑戦しやすくなり、組織としても投資判断を下しやすくなります。

具体例：顧客ロイヤルティ施策の検証イメージ

ここで、上位課題の一つである「顧客ロイヤルティ向上」を例に、実際の仮説と検証ステップをざっくりイメージしてみましょう。

問い（上位課題）：
「ECサイトの長期的なリピーターを増やし、顧客ロイヤルティを高めたい」

仮説構築：
仮説A：「購入後1週間以内に丁寧なフォローをするとロイヤルティが上がるはず」
仮説B：「ブランド体験（SNSやイベント参加）が多い顧客ほどNPSが高いはず」
仮説C：「価格よりもコンテンツ（健康情報、ライフスタイル提案）を求めている顧客層が一定数いるはず」

検証ステップ：
データ整備：NPS取得の仕組みづくり、SNS連携、イベント参加ログの管理
PoC：
小規模に〝購入後フォローキャンペーン〟を実施し、NPSと再購入率を比較
SNSイベントを開催し、参加者と不参加者の差を分析
モニタリング：ダッシュボード化してリアルタイムにNPS推移、再購入率、問い合わせ件数を追う

結果の評価↓次の施策：
仮説Aが当たれば、全顧客に対してフォロー施策を拡大
仮説B、Cに対して結果が出なかった場合、別の手段(価格訴求や商品ラインナップ強化など)を再検討する

ここでは「NPS」「SNS参加率」「イベント満足度」など、売上以外の指標を活用するため、社内の異なる部門のデータ連携やシステム面のサポートが必要になるでしょう。また、施策の評価期間は、短期（一週間～数ヶ月）で見る指標と、中期（半年～1年）で見るロイヤルティ指標を両立させる必要があるかもしれません。これらを丁寧に設計することが、上位課題の検証には欠かせないのです。（図4－4）

問い	ECサイトの長期的なリピーターを増やし、顧客ロイヤルティを高めたい
仮説構築	仮説A：「購入後1週間以内に丁寧なフォローをするとロイヤルティが上がるはず」 仮説B：「ブランド体験（SNSやイベント参加）が多い顧客ほどNPSが高いはず」 仮説C：「価格よりもコンテンツ（健康情報、ライフスタイル提案）を求めている顧客層が一定数いるはず」
検証	【事前準備】データが取得できる仕組み構築 【PoC】 ・小規模に"購入後フォローキャンペーン"を実施し、NPSと再購入率を比較 ・SNSイベントを開催し、参加者と不参加者の差を分析 上記結果を評価
考察 提案	仮説Aが当たれば、全顧客に対してフォロー施策を拡大 仮説B、Cに対して結果が出なかった場合、別の手段（価格訴求や商品ラインナップ強化など）を再検討する

図4-4　具体例：顧客ロイヤルティ施策の検証イメージ

大きなインパクトを生むために必要な〝検証設計〟の要点

上記の例からも分かるように、質の高い問いを扱うには検証設計が非常に重要です。小さな問いであれば「すぐにグラフを作って結果を見てみよう」で済むかもしれませんが、上位課題では情報の種類も多く、期間も長期になりがち。以下の要点を押さえておきましょう。

【明確な仮説と指標設定】
「何を指標に成功／失敗を判断するか？」を具体的に定める。売上以外の指標（NPS、SNSエンゲージメント、顧客満足度など）を扱う場合は、それをどう測定するかを詳細に決める。

【PoC・段階的展開の計画】
リスクを低減しながら学習を続けるために、小規模実証→検証→拡大の流れをしっかり設計しておく。

【データ連携と組織調整の計画】
どの部門のどのデータが必要か、事前に洗い出し、協力体制やセキュリティ・プライバシー対策を考慮する。
【モニタリングとフィードバックループ】
定期的にデータをチェックし、想定外の事象やリスクに早期対応する。上位課題ほど〝こまめなモニタリング〟がプロジェクトの成功を左右する。

こうして検証設計を固めておけば、〝大きな問い〟にも段階的に挑戦し、失敗のダメージを最小限にしながら成功確率を高めることが可能になります。

ここまでで、「質の高い問いが導く、新たな仮説と検証」というテーマで、上位視座の課題に挑む際の考え方を深めました。大きなインパクトを狙う一方で、リスクやデータ整備のハードルも高まるため、ＰｏＣやステップ分割、モニタリング体制など検証設計がカギになるという点を強調しました。

次は「新規事業とＰｏＣの重要性ークイックな検証を回す」と題し、特に〝新規事業〟開発やイノベーション創出に向けたデータ分析の活用例を掘り下げます。ＶＵＣＡ時代と呼ばれる不確実性の高い環境下で、どうやって素早く検証し、学習サイクルを回すのか？　上位視座の課題に対しても〝アジリティ〟を保つ手法を学ぶことで、より柔軟でスピーディなデータ分析脳の使い方を身につけていただければ幸いです。視座が高まれば課題は複雑になる一方で、そこには従来とは比べものにならないほど大きなビジネスチャンスも潜んでいるはずです。引き続き、一緒に学んでいきましょう。

新規事業とＰｏＣの重要性―クイックな検証を回す

前節では、顧客ロイヤルティや市場拡大などの〝大きな問い〟に挑む際の仮説検証アプローチを解説しました。上位レベルの課題ほどデータの範囲や検証期間が広がり、ＰｏＣ（Proof of Concept）や段階的アプローチが欠かせないことを強調しました。本節では、そのＰｏＣの考え方をさらに掘り下げ、新規事業開発やイノベーション創出の文脈でデータ分析脳をどのように活かすかについてご紹介します。

現代は「ＶＵＣＡ（Volatility, Uncertainty, Complexity, Ambiguity）」と呼ばれる変化の激しい時代です。既存ビジネスがいつまでも安定している保証はなく、新しいテクノロジーや顧客ニーズの変化に対応して、素早く事業を検証・立ち上げる力が求められます。ここで鍵となるのが「新規事業のＰｏＣをクイックに回す」アプローチと、それを支えるデータ分析脳です。

新規事業開発が生まれる背景：「これまでの分析が示唆する新たな価値」

ＥＣサイトの売上分析や顧客ロイヤルティ施策を深めていくと、「この顧客層にはまだ満たされていないニーズがありそうだ」「商品のサブスク化やコミュニティ化が有効かもしれない」といった新規事業のアイデアが自然と湧き上がることがあります。これは、データ分析脳を磨いたことで〝視座が上がり〟、〝本質的な問い〟を発見できるようになった証とも言えます。

【例】

生活雑貨カテゴリで定期的に購入される商品が多いなら、「定期便（サブスクリプション）」の新サービスを立ち上げる。

顧客が健康情報を求めているなら、健康支援アプリとの連携や専門家とのコラボ企画など、新たな価値を提供する事業を検討する。

ポイント：

単なる「売上が伸びている／落ちている」の分析を超えて、「なぜ顧客がこの商品を買うのか？どんな課題を抱えているのか？」という深い視点を持つと、既存ビジネス外の可能性

が見えてくる。

「店舗の売上を伸ばす」から「顧客ロイヤルティ向上」へ、さらに「顧客の生活課題を解決」へと問いを拡張すると、ビジネスモデルそのものを再定義するチャンスが生まれます。たとえば健康食品を扱う企業が「顧客の健康課題を解決するためにアプリやカウンセリングサービスを始める」といった方向転換が考えられるでしょう。ここで鍵となるのは、データから見える顧客行動やニーズを、ビジネスの〝価値提供〟へと結びつけるクリエイティビティです。

PoC（Proof of Concept）の役割：迅速かつ軽量に実証実験する

新規事業や革新的なアイデアは、往々にして不確実性が高く、成功確率が低いと言われます。社内リソースや投資を大量につぎ込んだ末に失敗すれば、大きな損失を被るリスクもあります。ここでPoCが活きてきます。PoCとは、小規模かつ短期間で実証実験を行い、アイデアの有効性を検証する手法です。

【メリット】
リスク低減：大規模投資や本格開発の前に、小規模テストで〝当たり外れ〟を早期に判定

できる。

迅速なフィードバック：顧客や市場の反応をデータで確認し、素早く方向修正する。

社内合意形成：実証データを根拠に、経営層や関係部署から追加リソースを引き出しやすくなる。

ＰｏＣでは少数の顧客や地域、プロトタイプを対象に行うことが多く、その結果をデータで測定し、効果の有無を判断します。ここで必要なのが、「何を指標に成果を測るか？」「どのようにデータを取得し、検証するか？」という分析設計の力です。第Ⅰ部で学んだ〝小さな問いを回す〟経験や、第Ⅱ部で扱っている〝上位レベルの問いへの検証アプローチ〟が、ＰｏＣの設計にも直結します。

【例】

新たなサブスク型サービスＰｏＣ：数百人の顧客に期間限定で体験してもらい、利用頻度・解約率・顧客満足度を追跡。分析結果で有望性を判断。

新市場への限定出店ＰｏＣ：海外サイトや特定地域向けのテスト販売を行い、アクセス数・購買率・口コミなどを定量・定性で検証。

ＰｏＣ×データ分析脳の組み合わせにより、従来なら数ヶ月〜数年かかった検証を、短いサイクルで繰り返し回せるようになり、新規事業やイノベーションのスピードアップが期待できるのです。

ＶＵＣＡ時代に求められる「素早い検証」と「学習サイクル」の回し方

ＶＵＣＡ時代と呼ばれる現代は、テクノロジーや市場環境の変化が激しく、過去の成功パターンが通用しなくなることが多々あります。こうした環境では、長期的な大規模投資よりも、小さなＰｏＣを素早く回して学習するアプローチが有利です。

リーンスタートアップの考え方：
Ｂｕｉｌｄ（作る）→Ｍｅａｓｕｒｅ（測る）→Ｌｅａｒｎ（学ぶ）のサイクルを高速回転させ、顧客や市場から得られるフィードバックを迅速に取り込む。大掛かりなプランニングに時間を費やすより、最低限の機能（ＭＶＰ）で市場テストし、結果を分析しながら施策を修正していく。

リーンスタートアップやアジャイル開発では、高速なサイクルでプロトタイプを出し、市場や顧客の反応を取り込んで改良します。ここで不可欠なのが、「仮説→データ収集→分析→学習→次の仮説」という流れを回すデータ分析脳です。

【例】
仮説：「この新サービスで顧客は××の課題を解決できるはず」
PoC／MVP：最小限の機能でサイトやアプリをリリース
データ分析：利用状況（アクセス数、離脱率、顧客レビューなど）を短期間で取得
学習・修正：顧客インタビューで想定外のニーズが判明し、機能を変更
次のサイクル：変更後の機能を再度PoC→また分析→学習…

このプロセスを数週間〜数ヶ月のスパンで繰り返し、成功確率を上げながら事業を拡大する。何を測定し、どう判断するかを明確化することで、学習サイクルを回す速度と精度が大きく変わります。

「データ分析脳」の〝学習サイクル〟の回し方

「データ分析脳」は、単なるレポート作成能力ではなく、〝学習サイクルを回して成功確率を

上げる〟ための思考基盤です。ＶＵＣＡ時代においては、小さなＰｏＣで検証↓ダメなら早期撤退ｏｒ修正↓成功の手応えを得たら拡大という流れを迅速に行い、結果をデータで共有しながら組織的に学ぶことが、イノベーション創出の鍵になります。（図４‐５）

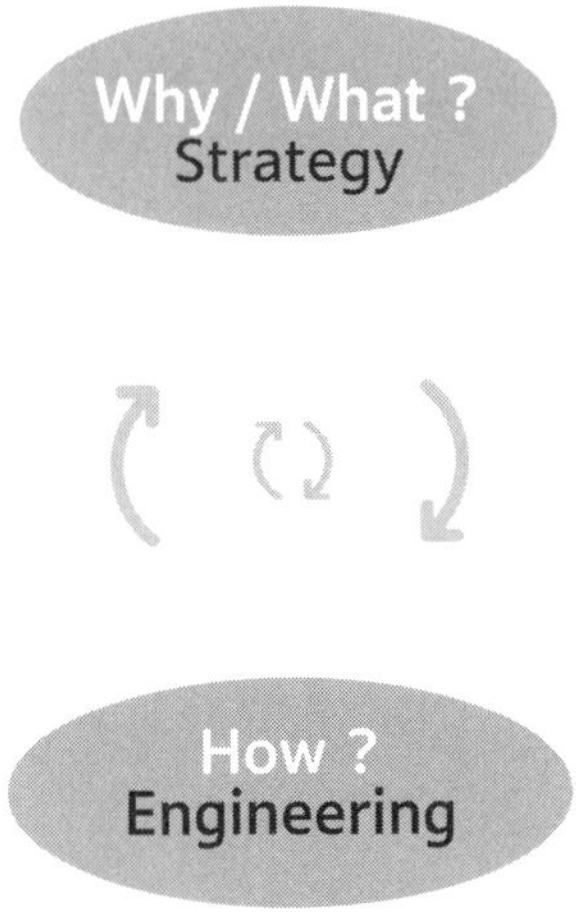

図4-5　学習サイクル

本節では、「新規事業とＰｏＣの重要性―クイックな検証を回す」ことをテーマに、上位視座の課題や新たなビジネスを立ち上げる際のデータ分析活用法を見てきました。ＶＵＣＡ時代には、大きな投資を伴う計画よりもＰｏＣを積み重ね、学習サイクルを高速回転させるアプローチが成功への近道だと言えます。そこにこそ、第Ⅰ部・第Ⅱ部で学んできた「データ分析脳」が活きるわけです。

次章では、「視座の高い分析プロセスとアウトプット」をテーマに、さらに複雑な分析手法や高度な可視化、そして経営層への提案設計などを取り扱います。ここでは多次元クロス集計やヒートマップ、外部データとの連携など、より実践的で高度なアプローチを学びながら、どのように意思決定者に示していくかを考えていきます。上位視座と高度分析が結びつけば、ビジネス変革やイノベーションに繋がる大きな可能性が開けるのです。ここまでの章で培った〝データ分析脳〟をさらにアップグレードするステージへ、一緒に進んでいきましょう。

第5章

視座の高い分析プロセスとアウトプット

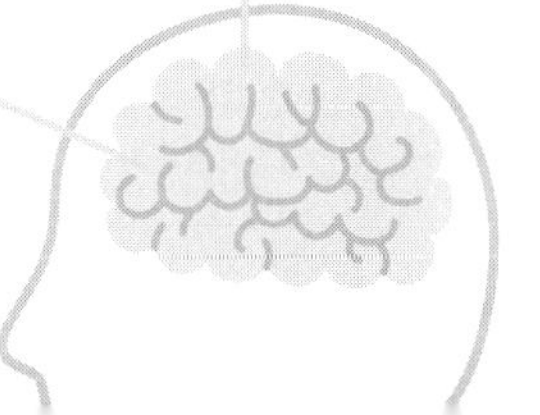

前章では、データ分析の〝出発点〟を高めるために「問いのレベルを上げる」アプローチを学びました。売上データの単純な把握を超えて、顧客ロイヤルティ向上や市場拡大、新規事業のPoCなど、より上位視座の課題へとアプローチするための視点と方法論です。しかし、こうした高度な問いを検証するには、しばしばより複雑な分析手法や多角的な可視化が必要となります。そこで本省では、「視座の高い分析プロセスとアウトプット」をテーマに、さらに複雑な分析手法や高度な可視化、そして経営層への提案設計などを取り扱いつつ、多次元クロス集計やヒートマップ、外部データとの連携など、より実践的で高度なアプローチを学びながら、どのように意思決定者に示していくかを考えていきます。

複雑な分析手法への展開

本節では、この「複雑な分析手法への展開」をテーマに、より多次元的なクロス集計や高度な可視化手段を取り入れることで、ビジネスインサイトをさらに深掘りする方法を紹介します。また、外部データやSNSデータなどを組み合わせることで、新たな切り口を発見し、大きなインパクトを生む分析に発展させる具体例にも触れていきます。視座が上がるほどデータの扱い方は多面的になり、それに伴って分析スキルやツールの活用もより洗練されていくのです。

多次元クロス集計、散布図、ヒートマップなどの高度な可視化

①「切り口×指標」の複合化で奥行きのある分析を行う

第Ⅰ部で学んだように、データ分析の基本は「問い→仮説→検証→考察→提案」のサイクルを回すことであり、グラフやクロス集計はその検証手段の一部にすぎません。しかし、上位視座で多角的な問いを扱う際には、一度に複数の切り口や指標を同時に把握する必要が出てきます。

【例】
これまで「地域別×売上金額」だけ見ていた分析を、「地域別×顧客セグメント×時系列×利益率」など、四次元の切り口で見たい場合。
通常のピボットテーブルや棒グラフでは情報量が多すぎて把握しづらいことがある。

ここで、多次元クロス集計や散布図（2軸・3軸など）、さらにヒートマップなどの高度可視化を活用すると、複数の切り口や指標を同時に視覚的に捉えられるようになります。結果として、思わぬ相関やパターンに気づく可能性が高まり、ビジネスの検討材料が一気に広がるのです。（図5-1）

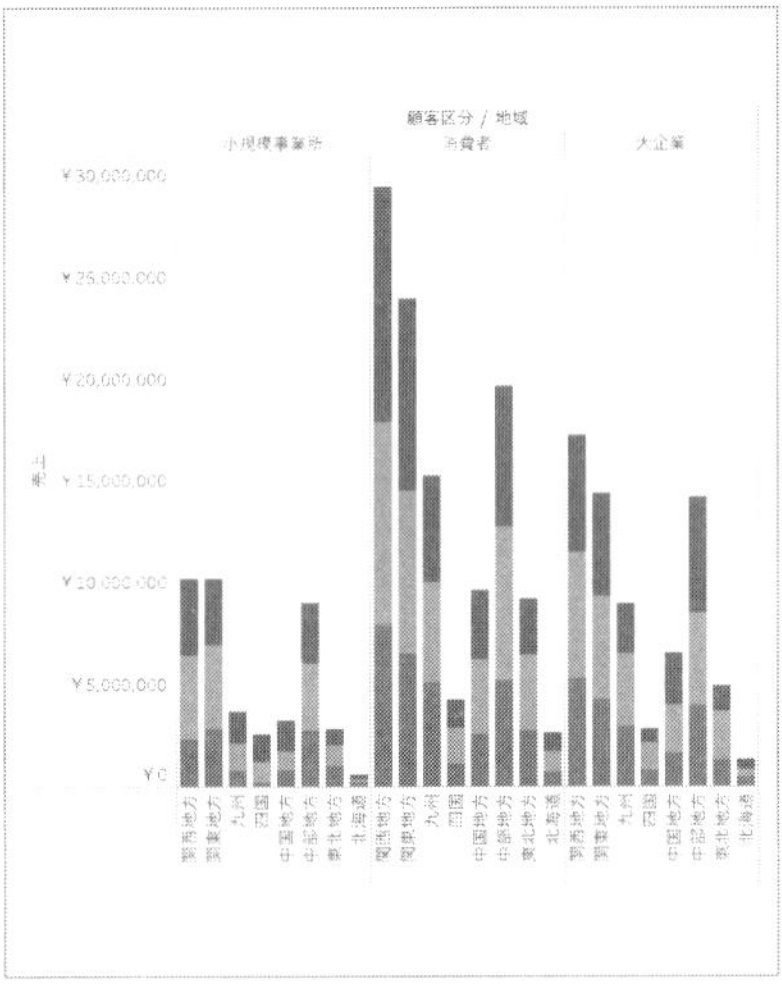

カテゴリ	地域	顧客区分 小規模事業所	消費者	大企業
家具	関西地方	¥3,746,941	¥11,581,635	¥5,768,865
	関東地方	¥3,253,700	¥9,385,656	¥5,073,114
	九州	¥1,640,198	¥5,261,846	¥2,462,306
	四国	¥1,376,055	¥1,373,989	¥720,059
	中国地方	¥1,519,134	¥3,415,848	¥2,540,150
	中部地方	¥2,952,773	¥6,940,335	¥5,724,226
	東北地方	¥780,754	¥2,794,209	¥1,201,467
	北海道	¥211,116	¥946,157	¥496,465
家電	関西地方	¥4,075,060	¥9,966,065	¥6,204,522
	関東地方	¥4,105,974	¥8,004,881	¥5,086,724
	九州	¥1,318,761	¥4,950,335	¥3,560,140
	四国	¥1,004,980	¥1,801,664	¥1,367,332
	中国地方	¥913,548	¥3,687,215	¥2,310,821
	中部地方	¥3,260,537	¥7,526,892	¥4,507,145
	東北地方	¥1,003,330	¥3,692,163	¥2,437,946
	北海道	¥113,156	¥967,363	¥420,998
事務用品	関西地方	¥2,360,718	¥7,905,483	¥5,292,010
	関東地方	¥2,827,183	¥6,521,798	¥4,264,033
	九州	¥776,572	¥5,065,255	¥2,945,109
	四国	¥232,042	¥1,116,622	¥781,214
	中国地方	¥821,959	¥2,567,269	¥1,693,819
	中部地方	¥2,788,173	¥5,221,137	¥3,977,317
	東北地方	¥1,033,396	¥2,758,885	¥1,280,363
	北海道	¥277,682	¥742,279	¥471,970

図5-1　複合的なグラフ

②散布図とクラスター分析の組み合わせ

散布図：

2つの変数（例：客単価と購入頻度）を軸にプロットし、顧客がどのあたりに位置するかを視覚化する。

客単価が高く購入頻度も高い層が〝ヘビーユーザー〟になりやすい…といった傾向を一目で把握。

クラスター分析：

散布図上の点群を、自動的に似た特徴を持つ〝群〟に分ける手法。

ヘビーユーザーの特徴や離脱予備軍の特徴を捉え、施策を打ちやすくなる。

たとえば顧客ロイヤルティ向上のプロジェクトでは、「どの顧客層がロイヤル層で、どこが離脱リスク大なのか」を定量的に捉えるのに散布図やクラスター分析が有効です。こうした高度手法を使うことで、単なる「平均値」だけでは見えなかった顧客分布の〝多様性〟や〝偏り〟を視覚的に把握できます。（図5－2）

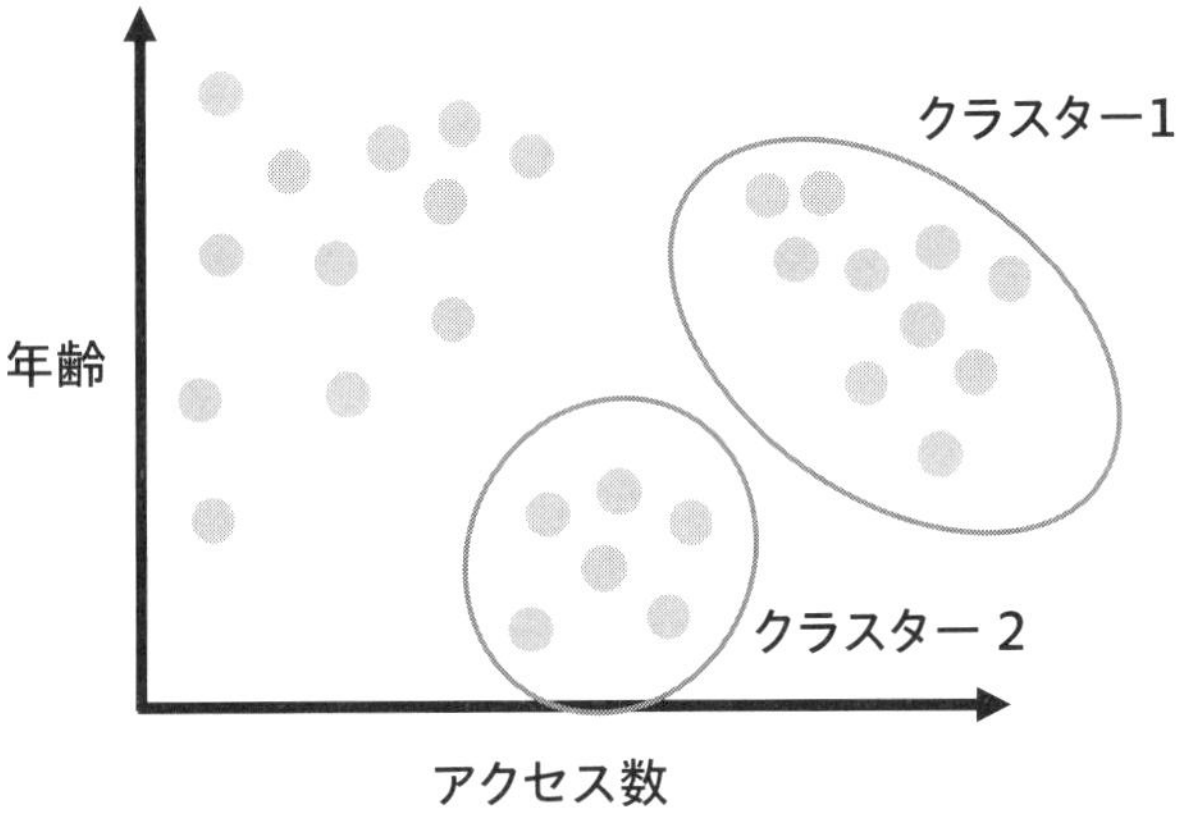

図5-2　散布図とクラスター分析

③ヒートマップで複数要素を同時に視覚化

ヒートマップは、数値を色の濃淡で表現する可視化手法です。エクセルやＢＩツールなどで簡単に作成でき、例えば「時系列 × カテゴリ × 利益率」のような三次元のクロス集計を〝色〟で示すと、どの時期・どのカテゴリ・どのエリアが特に高利益率なのかをパッと見で捉えられます。

応用例：
ウェブ・アクセスログの〝ページ × 時間帯〟をヒートマップ化し、どの時間帯にどのページがよく見られるかを可視化。
店舗の〝商品陳列 × 購入頻度〟をヒートマップ化して、店内のホットスポットやデッドスペースを把握。

ヒートマップを使うことで、大量の数字を一覧で見たときの「どこが突出しているか」を簡単に見抜けるようになるため、視座の高い分析でも大いに活用できます。（図５－３）

カテゴリ	地域	顧客区分 小規模事業所	消費者	大企業
家具	関西地方	¥3,746,941	¥11,581,635	¥5,768,865
	関東地方	¥3,253,700	¥9,385,656	¥5,073,114
	九州	¥1,640,198	¥5,261,846	¥2,462,306
	四国	¥1,376,055	¥1,373,989	¥720,059
	中国地方	¥1,519,134	¥3,415,848	¥2,540,150
	中部地方	¥2,952,773	¥6,940,335	¥5,724,226
	東北地方	¥780,754	¥2,794,209	¥1,201,467
	北海道	¥211,116	¥946,157	¥496,465
家電	関西地方	¥4,075,060	¥9,966,065	¥6,204,522
	関東地方	¥4,105,974	¥8,004,881	¥5,086,724
	九州	¥1,318,761	¥4,950,335	¥3,560,140
	四国	¥1,004,980	¥1,801,664	¥1,367,332
	中国地方	¥913,548	¥3,687,215	¥2,310,821
	中部地方	¥3,260,537	¥7,526,892	¥4,507,145
	東北地方	¥1,003,330	¥3,692,163	¥2,437,946
	北海道	¥113,156	¥967,363	¥420,998
事務用品	関西地方	¥2,360,718	¥7,905,483	¥5,292,010
	関東地方	¥2,827,183	¥6,521,798	¥4,264,033
	九州	¥776,572	¥5,065,255	¥2,945,109
	四国	¥232,042	¥1,116,622	¥781,214
	中国地方	¥821,959	¥2,567,269	¥1,693,819
	中部地方	¥2,788,173	¥5,221,137	¥3,977,317
	東北地方	¥1,033,396	¥2,758,885	¥1,280,363
	北海道	¥277,682	¥742,279	¥471,970

図5-3　ヒートマップ

「切り口 × 指標」を複合的に使い、顧客行動や市場動向を捉える

ここでは、「切り口 × 指標」を複合的に使う事例をいくつか説明します。

①セグメント分析とRFM、LTVなどの指標を組み合わせる

上位課題に取り組む際には、「RFM分析（Recency, Frequency, Monetary）」や「顧客生涯価値（LTV）」「顧客ロイヤルティスコア（NPS）」といった指標を活用するケースが増えます。これらは単なる売上金額だけではなく、「いつ購入したか」「どれだけ頻繁に買っているか」「どのくらいお金を使っているか」など多面的な要素を含んでおり、顧客行動をより深く捉えるのに役立ちます。

【具体例】

RFM指標を散布図化し、顧客を数グループにクラスター分け（ロイヤル層、ライト層、休眠層など）。

LTVを推定し、高LTV顧客に集中して施策を打つor休眠層を再活性化する施策を試す。

NPSをクロス集計して、「高NPS顧客はどの商品カテゴリを買っているか？」を見れば、ブランドロイヤル層の購買パターンが明確になる。

こうした複合的な指標を扱うには、データの整合性や更新タイミングをしっかり管理することが大事です。少しでも欠損や時系列のズレがあると、分析結果が歪みやすいため、高度な分析ほどデータ基盤への投資やメンテナンスが求められます。

②外部データ連携で新たなインサイトを発見

SNSデータ：
自社のハッシュタグ、競合製品に関する言及、口コミ評価などを収集し、売上や顧客購買行動と掛け合わせる。
「SNSでネガティブコメントが増えたタイミングで売上が落ちる」「特定のインフルエンサーが投稿すると購買が急増」といった傾向が捉えられる。

気象データ・経済指標：
気温や降水量が商品の売れ行きに影響する（例：暑い日は清涼飲料が伸びる）など、外的要因を考慮する。
為替レートや景気指数が海外売上に影響するケースなど。

外部データとの連携により、分析の精度が上がり、〝視座の高い〟問いにも具体的な根拠を伴った回答を導きやすくなります。「顧客行動は内的要因（価格・キャンペーン）だけでなく、外的要因（気象・トレンド・イベント）にも左右される」という当たり前の事実を、しっかり定量化できるのが複合的分析の強みです。

データを組み合わせることで、新しいインサイトを発見

①データ同士の〝化学反応〟を狙う

複雑な分析＝難しい数式や高度なアルゴリズムを使うだけではありません。むしろ、異なるデータソースを組み合わせることで、まったく新しいインサイトが生まれる〝化学反応〟を狙うのが最も生産的なアプローチです。

【例】
EC売上データ×オフライン店舗データ
↓オムニチャネル戦略の検討
購買データ×アプリ利用ログ×SNS評価

↓顧客が商品を知って購入に至るまでの心理パターンを解析

自社ブランドの売上推移 × 競合価格推移 × 市場全体の消費動向

↓自社のポジショニング再確認と新施策の導入

ここでのポイントは、単にデータを合体するだけでなく、どういう切り口・指標で掛け合わせるかを明確にすることです。前章までに学んだ「なぜこのデータを分析するのか？」という上位視座の問いがあるからこそ、データ同士の組み合わせにも意味が生まれます。

②自社外部のAPIやデータパートナーとの連携

近年は、外部のAPIやデータ提供サービスが充実しており、自社内だけでは取得できない情報を組み合わせるハードルが下がっています。

【例】

地図API（位置情報）を利用して、顧客や店舗の位置データを分析

↓地域キャンペーンや物流最適化に活かす。

提携先企業と購買データを匿名化・共有し、顧客の多角的なライフスタイルを推定
→新規事業の可能性を探る。

留意点：
プライバシー保護やセキュリティ、契約上の制約などをクリアしたうえでデータ連携を行う。
データの更新頻度や定義が異なると、分析結果に誤差が出る可能性があるので、連携前のルール作りが大切。

こうしてデータ範囲が拡大し、視座が上がるほど、複雑な分析手法に加え、データガバナンスやプライバシーへの配慮も欠かせなくなります。高度な分析を回す前提として、組織的な整備やスキルアップが求められるのです。

本節では、「視座の高い分析プロセスとアウトプット」を進めるうえで鍵となる複雑な分析手法について、代表的な可視化・アルゴリズム・データ連携のポイントを整理してきました。

次節では「意思決定者への提案設計」を扱います。この複雑な分析結果を経営層や意思決定者にどう伝え、どうレポーティング・ダッシュボード化していくかを深掘りします。高度な可視化や統計モデルを使ったとしても、それをどのようにアウトプットし、納得感を生み、最終的な判断や施策に結びつけるかがビジネスには欠かせません。複雑な分析手法と上位課題が結合した時、アウトプットの仕方も洗練させなければ成果が出ないのです。引き続き、高い視座を活かした分析とコミュニケーション手法を学んでいきましょう。

意思決定者への提案設計

前節では、多次元クロス集計やヒートマップ、外部データ連携など、より複雑な分析手法を使って上位視座の問いを深く検証する方法を学びました。複数の切り口を組み合わせることで、単純な売上分析を超えた大きなインサイトが得られる反面、分析結果が複雑化しやすく、チームや経営層への説明が難しくなるリスクも増えます。しかし、こうした複雑な分析をして得た洞察ほど、企業が大きく舵を切る際の重要な判断材料になり得ます。

本節では、「意思決定者への提案設計」という観点から、高度な分析結果をどうまとめ、どう伝えればいいのかを解説します。データ分析の真価は、最終的にアクションや施策につながるかにかかっていると言っても過言ではありません。特に視座の高い分析では、組織やプロジェクト全体を動かす提案へと落とし込む必要があり、そのための資料設計やプレゼンテーション術、ステークホルダーとのコミュニケーションがカギになります。

組織のKPI、事業目標と紐づけたレポーティング・ダッシュボード化

視座の高い分析になるほど、意思決定者（経営層や事業責任者）が気にするのは「このデータが事業目標にどう関係するのか？」という点です。いくら高度な分析で新しい発見を示しても、それが**経営課題や事業KPIと直結していなければ〝絵に描いた餅〟**になりかねません。

たとえば、EC売上を伸ばすのが目標なら「この分析結果はどう売上に影響するのか」を明確に示し、ロイヤルティ向上がKPIなら「NPS指標やリピート率がこの施策でどう変わるのか」を示す必要があります。

【例】
事業目標：1年後のリピーター率を+10%
分析結果：「顧客セグメントBが高LTVを持つ一方で、フォロー施策が不十分」

提案：「セグメントBに対して新フォロープログラムを導入すれば、リピーター率+5〜8%が期待できる」

このように、具体的な数値目標や期待効果を明示することで、経営層は「投資対効果（ROI）」をイメージしやすくなり、意思決定が加速します。

視座を上げて複雑な分析を実施する場合、扱う指標も複数にわたります。たとえば売上・利益率・在庫回転率・NPS・顧客離脱率などを同時に追うことが増えるでしょう。そこで有効なのがダッシュボードの活用です。BI（Business Intelligence）ツールや可視化ツールを使い、以下のような仕組みを整えます。

【例】

「経営層向けダッシュボード」：主要KPI（売上、利益率、NPS、顧客数など）を大きく表示し、異常値が出たらすぐに把握できる。

「マーケ部門向けダッシュボード」：キャンペーン別、セグメント別の売上貢献度や広告効果をリアルタイムに追える。

こうして重要指標の〝健康状態〟を可視化することで、現状認識と意思決定がスピーディーになり、上位視座の議論に必要な情報を常に最新の形で共有できるようになります。（図5-4）

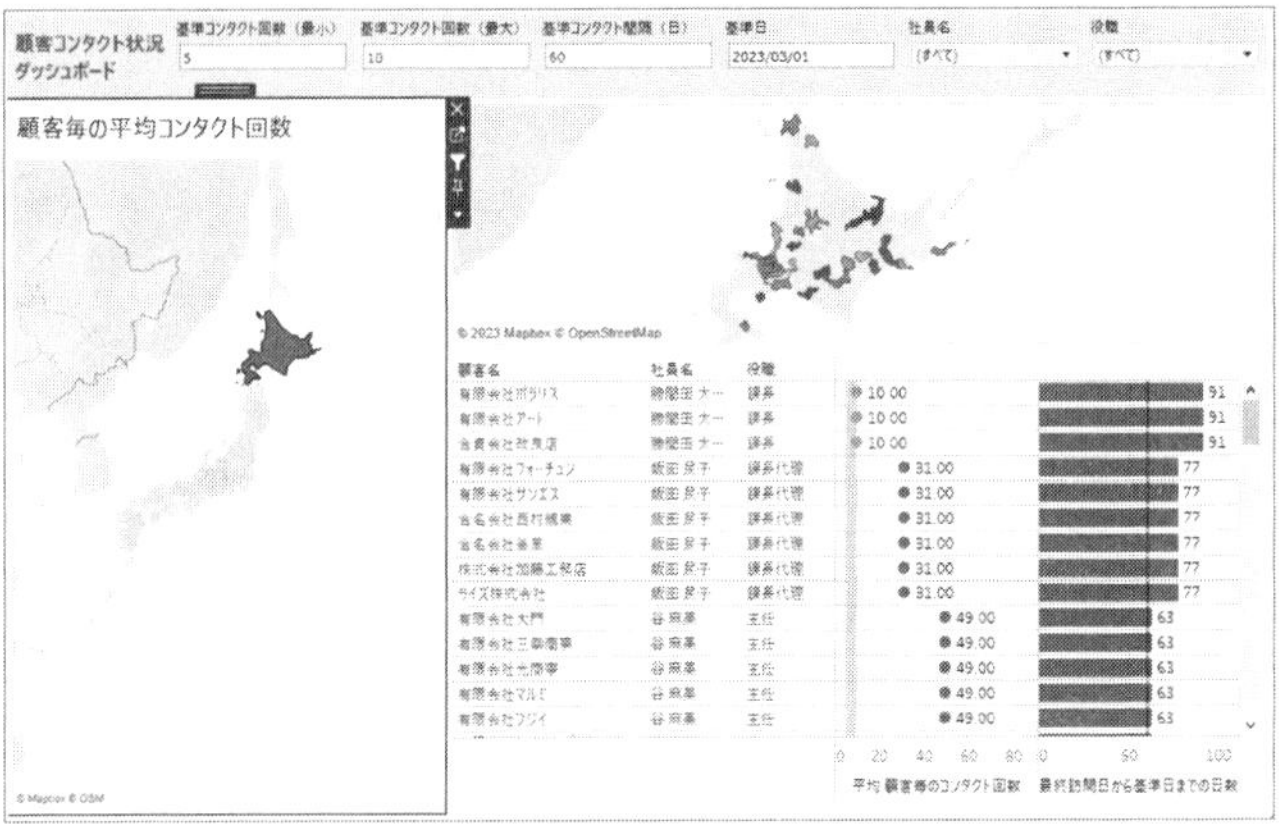
顧客コンタクト状況
ダッシュボード
基準コンタクト回数（最小）
5
基準コンタクト回数（最大）
10
基準コンタクト間隔（日）
60
基準日
2023/03/01
社員名
(すべて)
役職
(すべて)
顧客毎の平均コンタクト回数
© 2023 Mapbox © OpenStreetMap
顧客名
社員名
役職
10.00
31.00
49.00
91
77
63
0 20 40 60 80
0 50 100
平均 顧客毎のコンタクト回数
最終訪問日から基準日までの日数
© Mapbox © OSM

図5-4　ダッシュボード

デ ー タストーリーテリングの技術：グラフと文章の組み合わせ方

第Ⅰ部から学んできたように、グラフや可視化はデータ分析の強力な武器です。しかし、視座を上げて扱う課題が大きくなるほど、「なぜこういう結果が出たのか？」「そこにはどんな背景や要因があるのか？」といった定性面のストーリーも重要度を増します。経営層が気にするのは「数字の変化」だけではなく、その〝理由〟と〝今後のアクション〟だからです。

【例】
グラフ：ＮＰＳが先月比で–5ポイント下がっている
ストーリー：「実は配送遅延が相次いだ時期と重なり、問い合わせが急増→顧客満足度の低下に直結」という背景
提案：「物流拠点を増やして遅延リスクを軽減、合わせてサポート体制を強化すればＮＰＳ回復が期待できる」

このように、グラフが示す事象を〝背景〟や〝解釈〟とセットで語るのが〝データストーリーテリング〟の基本です。

ではどのようにストーリーを組み立てていけばよいのか、ポイントを整理したので見ていきましょう。

起承転結や問題→原因→解決策→期待効果といった構成を意識する

（起）問題提起：現状の数字から〝異常値〟や〝課題〟を提示
（承）背景・要因：追加のグラフや定性情報を交えて〝なぜ？〟を深掘り
（転）転換：そこから見えてきた新しい仮説や切り口を提示
（結）解決策と効果：具体的な施策と、その施策がもたらす効果を数値シミュレーション

こうした流れで資料やプレゼンを組み立てれば、**データによる〝客観的根拠〟とストーリーによる〝納得感〟**を両立しやすくなります。

提案を〝ストーリーライン〟で組み立てる具体的ステップ

視座の高い分析では、複数のグラフや指標が錯綜しがちです。提案資料をまとめるときにありがちな失敗パターンは、「分析結果のスライドを羅列し、どれが一番重要か分からない」状

態に陥ること。全てのグラフを均等に並べるのではなく、提案の核となるストーリーラインを先に設計するのが効果的です。

【例】
ストーリーライン：「課題→仮説→データ検証→発見→提案施策→効果見込み」
それに沿って、「このグラフは〝課題〟を示すため」「この表は〝仮説〟を裏付ける根拠」など、1つ1つのデータの役割を明確化。

こうすることで、意思決定者は資料を読み進めるうちに、〝**ああ、だからこうするのがいいんだね**〟と自然に納得感を得られます。

また、別のテクニックとして、〝提案先行〟型のプレゼンもあります。高度な分析結果をすべて説明する前に、「私はこういう施策を提案します」と結論を提示し、その後で「なぜなら、データがこう示しているから…」と順を追って裏付けを示す方法です。経営層や忙しいステークホルダーに時間が限られている場合、最初に結論を明かすことで注意を引き、〝じゃあ、その根拠を教えて〟という流れを作りやすくなります。

本節では、視座の高い分析結果をどのように資料やダッシュボードにまとめ、経営層や関係部署へ提案するかを中心に解説しました。高度な分析ほど複雑な結果をどれだけ分かりやすいストーリーに乗せられるかが重要であるかをお伝えしてきました。

次の「上位視座での施策立案と検証フロー」では、視座の高い分析プロセスを実際の施策立案や検証フローへどう落とし込むかをもう一歩深掘りします。部門横断型の課題や中長期投資判断、マイルストーン設計など、大きな意思決定に対応する際のアプローチを学びながら、データ分析脳が組織・ビジネスを支える実践的な手法を探究していきましょう。多くのステークホルダーを巻き込み、長期視点で成果を出すための検証フローやマイルストーン設計は、視座の高い分析の〝最前線〟と言えます。引き続き、一緒に探究を深めていきましょう。

上位視座での施策立案と検証フロー

前節では、視座の高い分析で得られた結果をいかに意思決定者へ提案・設計していくか、資料設計やデータストーリーテリングの要点を学びました。より大きなビジネスインパクトを狙う施策ほど、複雑な分析や多部署連携が必要になり、最終的に合意形成を得る段階では「組織のＫＰＩ・事業目標と紐づける」「データをストーリーラインでまとめる」ことが鍵となります。

しかし、提案を形にできたとしても、それを実際にどのような施策フローで進め、どのように検証していくかまでは、レポートやプレゼンだけでは伝えきれない場合が多々あります。本節では、〝上位視座での施策立案と検証フロー〟という観点で、部門横断型の課題や中長期的な投資判断にも耐えうるプロセス設計を解説します。視座が高くなるほど、不確実性や利害関係者の数も増えるため、マイルストーン設計やリスク管理を明確にし、データ分析脳を活かしながらプロジェクトを進めることが不可欠です。

部門横断型の課題（顧客体験向上、ブランド価値向上など）

たとえば「顧客ロイヤルティ向上」や「ブランド価値向上」といった上位視座の課題は、単一の部署や施策では完結しません。ＥＣサイトだけでなく、実店舗や広告宣伝、アフターサポート、物流管理など、多方面の取り組みが連動して初めて結果につながるケースがほとんどです。すると、データ分析でも複数部門が持つデータを統合し、共同で施策を検討する流れが不可欠になります。

【例】
ブランド価値向上を狙う ↓ マーケ部門（広告・ＳＮＳ施策）、ＰＲ部門（広報戦略）、顧客サポート部門（問い合わせ満足度）の連携が必要。
それに加えてEC売上データや在庫部門の情報を合わせ、在庫切れや配送クオリティがブランド評価に及ぼす影響も考慮。

こうした部門横断型の取り組みをスムーズに回すには、単なるデータ共有だけでなく、施策立案～検証～改善までのフローを共有化する仕組みが鍵になります。

視座が高い課題ほど、最終的なゴールは「顧客が気持ちよく商品やサービスを利用し続ける状態を作る」などの、いわゆる顧客体験（CX）に行き着くことが多いです。ECサイト分析だけではなく、SNSコミュニケーションやオフラインでのイベント、配送・返品体験など、顧客が触れるあらゆる接点のデータが重要になります。

【具体例】
CXジャーニーマップを描き、タッチポイント（広告→ECサイト→購入→到着→レビュー→リピート）を可視化。
各段階で「どの部門がどのデータを持ち、どの施策がカギを握るのか」を洗い出す。

これを元に〝データ分析の優先度〟〝連携の必須ポイント〟を明確にし、部門横断のタスクとマイルストーンを設定。

こうした包括的なアプローチにより、〝部分最適〟ではなく〝全体最適〟を目指す施策が見えてきます。

中長期的な投資判断(新市場への参入、マーケットシェア獲得)

上位視座の分析では「新市場への参入」「新規事業立ち上げ」など、中長期視点での投資判断が必要になる場面が増えます。こうした大規模な意思決定においては、数ヶ月単位の短期KPIだけでは成果が測りきれないため、「中長期KGI（Key Goal Indicator）」を設定し、ロードマップに沿って進捗を追うことが重要です。

【例】
KGI：「2年後に海外売上を全体の30%へ拡大」
短期KPI：「まず6ヶ月以内に海外向けECをPoC展開し、売上〇万円達成&顧客評価を調査」

中期マイルストーン：「1年以内に主要国へ対応、ロジスティクス拠点を増設、現地チームを配置」

ここでのデータ分析脳は、PoC結果の検証→投資拡大 or 撤退判断→追加データの補強といった長期的サイクルを支える役割を果たします。

また、大きな投資を伴うプロジェクトほど、段階的なマイルストーン設計が欠かせません。各段階で「何を検証し、どの指標で合否を判断するか」を明確化し、もし目標を達成できない場合の撤退ラインやリスク対応策を設定しておくと、プロジェクトが迷走しにくくなります。

【例】

マイルストーン1（～6ヶ月）：

海外ECのPoC展開→顧客反応や競合調査を実施→売上と顧客満足度を測定

マイルストーン2（～1年）：

売上・顧客数の増加率が一定以上なら次のステージ（物流拠点拡充）へ

リスク管理：

売上が目標未達の場合、プランB（地域や商品カテゴリを見直す）に切り替え

こうした明確なフローを事前に意思決定者や関係部署と合意形成しておくことで、大きな投資を伴うプロジェクトでも納得感を持って進められます。データ分析チームは各マイルストーンごとに必要な指標をモニタリングし、計画の見直しをサポートする立ち位置です。

「検証に時間のかかるテーマ」へのアプローチ：ステップ分割やマイルストーン設計

部門横断や新市場参入など、視座の高い課題ほど成果が出るまでの時間が長期化する傾向があります。短期施策なら「1ヶ月試して結果を見よう」というノリで済むかもしれませんが、ブランド価値を高めるとかグローバル市場へ進出といったテーマは、簡単には数値が動きません。さらに外部要因（競合や経済状況）にも左右されやすく、施策の効果検証に時間がかかるのです。

【例】
ブランド価値向上に伴うNPSの変化は、キャンペーンの直後には現れず、数ヶ月〜1年

かけて徐々に影響が出る。
新市場参入では、現地ユーザーの習慣を理解するのに半年以上かかり、短期的に売上が伸びなくても将来の可能性があるかもしれない。

ここでの要点は、長期スパンでも〝中間指標〟を設定し、施策の進捗やリスクを定期的に評価することです。

長期テーマでも、短期のＰｏＣや段階的実験を挟むことで、細かい学習サイクルを維持するアプローチが効果的です。

【例】
・「グローバル展開を2年計画で進めるが、まず3ヶ月で特定地域に限った実験サイトを立ち上げる」
・「ブランド向上策を複数用意し、3ヶ月ごとに一部施策だけ試す→NPSや売上動向をチェック→合格した施策を本格導入」

こうすることで、〝一気に2年後の成果を待つ〟わけではなく、こまめなフィードバック↓修正が可能になります。まさに短期検証と長期ビジョンを両立するデータ分析の姿勢であり、視座の高い課題こそこの段階的アプローチが有効です。

本節の「上位視座での施策立案と検証フロー」では、部門横断型の大きな課題や、中長期的な投資判断を伴うテーマに対して、データ分析をどう活かし、どのようにプロジェクトを回すかを解説しました。

次の「失敗事例から学ぶ視座の高い分析の注意点」では、さらに具体的な失敗事例を通じて、高度な分析プロセスで陥りがちな落とし穴を整理します。〝視座が高い分析ほど期待値も高いが、リスクも大きい〟という両面を理解し、どう回避すればよいのかを学ぶことで、データ分析脳をより安全かつ有効に活用できるようになるでしょう。高度な分析への挑戦はリターンが大きい反面、落とし穴も多い――その現実を直視し、上手にリスクヘッジしながら成果を最大化する道を探っていきます。

失敗事例から学ぶ視座の高い分析の注意点

前節では、上位視座で施策を立案し、それをどのように検証していくかというフローについて取り上げました。部門横断型の課題や中長期的な投資判断を伴うプロジェクトであれば、短期KPIと中長期KGIを使い分け、マイルストーン設計によるリスク管理と学習サイクルの維持がカギになるというお話をしました。しかし、そうした理想的なプロセス設計ができたとしても、大規模で複雑な分析ほど、現場ではさまざまな落とし穴に直面するのが現実です。

本節では、〝失敗事例〟の視点から、視座の高い分析やプロジェクトにおいて陥りがちな注意点をさらに深掘りしていきます。高度な分析や上位視座の課題はインパクトも大きい反面、間違った方向に進むと、プロジェクト全体を混乱させたり、大きな損失を被ったりするリスクがあります。それを事前に把握し、回避策を講じることで、データ分析脳をより安全かつ有効に活用できるようになるはずです。

目的があいまいなまま分析に突入し、方向性を見失ったケース

【失敗事例】とにかく「データを見れば何か分かるだろう」

ある企業では、経営層が「もっとデータを活用して、大きな意思決定を下したい」と指示し、さまざまな部署からExcelファイルやBIツールのダッシュボードをかき集めて〝ビッグデータ分析プロジェクト〟を始めました。しかし、プロジェクト開始時点で「具体的に何を明らかにしたいのか?」が不明確だったため、分析担当はデータをひたすら眺め、大量のグラフやレポートを生成

部門長や担当者も「どこに注目すべきか」分からず、会議では結論が出ないまま時間だけが経過

結果、「やっぱりデータ見てもよく分からないね」となり、投資と労力を浪費した

【教訓】

視座を高く設定すること自体は良いが、「何のために分析するのか」「どんな問いに答えたいのか」を事前に共有せずに動き始めると、膨大なデータに溺れてしまう。

上位視座の問いであっても、最初にゴール(KGI/KPI)や検証設計を固めておくべき。

「とにかくデータさえあればいい」という発想は危険であり、必ず問いありきで分析計画

を組み立てる必要がある。

データの品質・取得範囲を軽視して誤った結論を導いたケース

【失敗事例】顧客属性データが偏っていたのに、分析に使い続けた

別の企業では、新規事業のターゲット選定のために大規模な顧客属性データを分析。セグメンテーションを行ったところ、「20代女性が圧倒的に多い」という結果が出て、若年女性向けの新商品ラインナップを急遽立案しました。ところが、実際に販売してみると売上が伸びず、どちらかというと30代～40代の需要のほうが大きいことが判明。

理由：属性データの収集元が「SNSキャンペーン応募者」や「イベント来場者」に偏っており、アクティブにSNSを使う若年女性が主に登録していただけだった。いわゆるサンプルバイアスが顕在化した。

結果：大きな在庫を抱え込み、投資コストも回収できずプロジェクトは失敗に。

【教訓】

データの取得範囲やサンプルの偏りを常に疑う。特に外部データやキャンペーン応募データは、〝一部の熱心なユーザー〟に偏るケースが多い。

視座を上げて大規模投資を検討する際には、データ品質を検証するプロセスが必要。場合によっては追加調査や他のソースとの突き合わせで偏りを補正する。

「この分析結果は全顧客の傾向を正確に反映しているか？」と問い直す習慣が欠かせない。

視座が高すぎて具体性に欠け、アクションへ落とし込めなかったケース

【失敗事例】経営理念レベルの大号令が出るも、現場は〝何をすれば…〟状態
ある企業のＣＥＯが「我が社は世界一の顧客体験企業を目指す！」と高らかに宣言し、データ分析担当に「顧客体験の向上策をすべて洗い出して欲しい」と指示。分析チームはＮＰＳや口コミデータを集め、競合比較も行って膨大なレポートを作成した。しかし、現場の各部署にとっては、「具体的にどの施策を優先すればいいのか」「どの指標で成果を測るのか」不明瞭なまま。
新しい改善案は多数提示されたが、リソース配分や実行順序の定義が曖昧で、結局どれも手が付けられずに頓挫。

〝顧客体験を世界一に〟という壮大な目標は共有されたが、行動レベルの設計がなされず、視座が高いだけで終わった。

【教訓】

高度な分析で大きなビジョンを描くのは大事だが、具体的行動レベルにブレイクダウンしないと現場が動けない。

経営理念をデータで裏付けるには、最終的に「どの施策をいつ実行し、どのKPIで成果を測るのか」を明示し、部門ごとに役割を割り振るプランが必要。

視座が高いからこそ、短期施策との紐づけを忘れずに行うべき。

目的がビジネス課題から乖離し、〝分析のための分析〟になったケース

【失敗事例】AI導入が目的化してしまい、効果測定できず

ある企業が「デジタルトランスフォーメーション(DX)を促進するためにAIを導入する!」と宣言し、データサイエンティストを大量採用。膨大なデータを使って高度なモデルを作り、社内プレゼンでは「精度90%を超える予測が可能」といった報告がなされた。

しかし、そこから具体的な施策への落とし込みが一向に行われず、現場は「モデルの出力がよく分からない」「どう活かせばいいか教えて欲しい」と困惑。

AIプロジェクト自体が目的化し、分析結果の活用や効果検証が後回しに。

投資コストは膨らんだが、最終的に「試作モデルが完成した」だけで終わり、ビジネスに何ら貢献しないままクローズ。


【教訓】

どんな高度な分析手法であっても、ビジネス課題を明確にし、施策や効果測定とセットで設計しなければ無意味。

AIや機械学習導入を目的化せず、「この課題を解決するために、なぜ機械学習が必要なのか？」を常に問い続ける。

経営層と現場がその意義を理解し、データストーリーテリングや検証フローを組み合わせることで、実効性が高まる。

失敗リスクを回避・軽減するためのポイント

①〝問い〟を確実に共有し、ゴールと指標を先に定義する

前述の事例からも明らかなように、〝目的・問い〟があいまいな状態で動き出すと、分析内容や施策がブレてしまうリスクが高いです。特に視座の高い課題では「最終的にどんな意思決定を下したいのか」を予め合意形成し、そこから必要なデータ・手法・期間を逆算するアプローチが欠かせません。

実践策：
プロジェクト開始時に「問いの定義シート」を作成（課題背景・ビジネスゴール・成功指標・想定リスクなど）
経営層や主要ステークホルダーのサインオフを得てから分析を始める。

②データ品質チェックとバイアス検証をセットに

高度な分析ほど、取得データが多様化し、バイアスが潜むリスクも増えます。海外データやSNS情報を扱う際には、定期的にデータ品質チェックを実施し、サンプルバイアスや測定誤差を見極める仕組みを組み込みましょう。

【例】

ダッシュボードで〝データ異常検知〟ルールを設定し、突然の値が変な場合は自動アラートを出す。

アンケート調査を行う際には回答者層が偏らないよう、募集方法や報酬設計を工夫。


こうした〝基本的なガバナンス〟を怠ると、いくら視座を上げた分析でも土台が崩れ、誤った結論に誘導される危険があります。

③ 大きなビジョンでも〝短期施策〟と紐づけて具体化

前章まで繰り返し述べたように、視座の高いビジョンや理念は重要ですが、それだけを掲げても現場が動けません。短期的に実行できる施策やＰｏＣを常に併設し、小さな成功・失敗から学ぶ流れを作ることで、高い視座と具体的アクションの両立を図ります。


【例】

「3年でブランド価値をトップクラスに」という目標に対して、「まずは半年でＮＰＳ+5ポイントを狙うキャンペーンを試す」など短期施策を設定。短期施策の成果を見ながら、長期ロードマップを随時アップデート。

④分析手法より〝施策効果測定〟を重視

先進的なアルゴリズムやモデルに注目しがちですが、結局は「施策を打ち、それがどの程度の効果を生むか」を見極められなければビジネスに貢献しません。視座が高いほど不確実性が大きいため、ＰｏＣや段階的実験を行い、効果測定の結果をもとに次のステップを検討するプロセスが本質的に大切です。


【例】

高度な予測モデルより、まずは小規模施策で実地の数字を確認→当たりなら拡張、外れなら別アプローチへ。

モデル精度○%だけでなく、実際の売上増・コスト減・顧客満足向上などの実績を検証する仕組みを用意。

次章に向けて

「失敗事例から学ぶ視座の高い分析の注意点」では、よくある失敗事例を通じて、上位視座の課題に取り組む際の落とし穴と回避策を考えました。視座が高い分析・課題はインパクトも大きい分、間違った方向へ進むと被害も甚大です。しかし、事前にこうしたケースを知っておけば、同じ轍を踏まずに済むでしょう。

次の第6章「データ分析脳をビジネスやキャリアに活かす」では、これまでの学びを個人レベル・組織レベルの成長やキャリアにどう結びつけるかという観点でまとめていきます。データ分析はスキルだけでなく、自分のビジネス観やキャリアを豊かにする大きな武器となり得ます。上位視座での分析を通じて得た経験を、今後どう活かせるのか、その具体的な次のステップや展望を一緒に探っていきましょう。

第6章

データ分析脳をビジネスやキャリアに活かす

第Ⅱ部 視座を上げて質の高い問いを作る

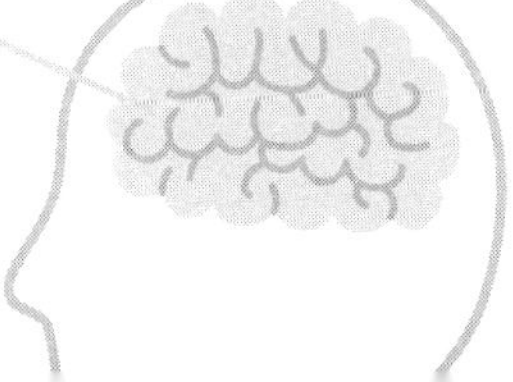

ここまで本書を通じて、「データ分析脳」とは〝問いを立てて仮説を構築し、データを使って検証・考察し、提案・施策へとつなげる〟思考のプロセスであること、そしてそれを〝小さな問い〟から〝大きな課題（視座の高い問い）〟へと段階的に引き上げることで、ビジネスに大きなインパクトを与えられるようになる、という流れを学んできました。しかし、これで学びが終わるわけではありません。データ分析脳は、スポーツや語学のように継続的に鍛え、アップデートしていくことで真価を発揮するのです。そこで本章では、これまでの学びを個人レベル・組織レベルの成長やキャリアにどう結びつけるかという観点を説明していきますので、具体的な次のステップや展望を一緒に探っていきましょう。

データ分析脳の継続的な鍛え方

本節では、「データ分析脳の継続的な鍛え方」をテーマに、日常業務やプライベート、さらには組織としての〝データ文化〟醸成の観点から具体的なアイデアを紹介します。せっかく身につけた思考プロセスを一時的なものにせず、日々の習慣として定着させることで、自分自身のキャリアにもプラスに働き、組織やプロジェクトにおいても長期的な成果を生み出せるはずです。

りません。

日常業務で「問い」を習慣化するコツ（会議前の仮説準備など）

データ分析脳の根幹にあるのは、「問い→仮説→検証」のサイクルを回すという姿勢です。

しかし、忙しい日々の中では、作業に追われてついデータを〝ただ眺める〟だけになったり、〝上司に言われたとおりにレポートを作る〟だけで終わってしまったりするケースも少なくありません。

【例】
会議でエクセルの集計結果やBIツールのダッシュボードを見せても、「ふーん」で終わって先に進まず、具体的な行動が決まらない。
なんとなく数字を見ていても、〝何のために見ているのか〟が自分で把握できていないため、発見が生まれづらい。

そこで、日常業務においても「問い」を常に持つという習慣が大切になります。大がかりな分析をしなくても、会議前やレポート作成前に「今回のポイントは何だろう？」「どんな仮説を確かめたいのか？」と短いメモに書き留めるだけでも効果的です。

【会議やレポート作成前の〝仮説準備〟の実践】

ステップ：

会議やレポートの目的を明確化：「今回は売上が下がった原因を探りたい会議」「新商品の初週売上を確認し、次の施策を決めるミーティング」など。

可能性のある仮説を2〜3個挙げる：たとえば「競合セールに流れた」「広告素材が刺さっていない」など、思いつく範囲でOK。

必要なデータ・指標を確認：「競合価格や広告クリック率、ECサイトの離脱率など、この数字を見れば仮説を検証できそう」。

レポートや資料に〝仮説〟をメモ書き：作成中も意識を保ちやすい。会議資料に「今回の仮説と検証結果」を1枚追加すれば、会話がはかどる。

こうした〝問い→仮説〟の小さな習慣を続けるだけで、会議やレポートの生産性が大幅に向上し、データ分析が〝ただの報告〟ではなく〝意思決定を促すツール〟へと変わっていきます。

プライベートデータの活用例（家計簿、SNS、自分の生活リズム分析など）

データ分析脳を鍛える上で効果的なのが、身近なプライベートデータの活用です。仕事だけでなく、家計簿や運動記録、SNSの発信履歴など、個人の日常にもデータはあふれています。これらを自分で分析してみることで、データ活用の楽しさを再確認し、分析感覚を育てることができます。


【例】

「家計簿を月別に整理し、食費・光熱費・交際費などの支出推移をグラフ化」

「ランニングアプリやヘルスケアアプリで、運動量と睡眠時間の関係を可視化」

「SNS投稿と反応（いいね数・コメント数）を関連付け、『どんな時間帯・内容が受けがいいのか？』を検証」


プライベートデータ分析が有効なのは、実際に仮説↓検証↓結果のフィードバックが即座に自分に返ってくる点です。失敗や成功もすぐに体感できるため、小さなサイクルを回す訓練に最適です。

【例】

「最近食費が増えている気がする。たぶん外食が増えたから？」→家計簿グラフ化→思ったよりコンビニ支出が多いことが発覚→『夜にコンビニへ行く習慣が原因かも』→外食頻度ではなく、習慣的なコンビニ利用を減らす施策を自分に課す。

「SNS投稿でバズるときは深夜帯？いや、朝の通勤時間帯か？」→複数の時間帯に投稿し、反応率をチェック→実証結果を見てやり方を修正。


こうした〝遊び感覚〟でデータ分析脳を回していると、仕事上でも自然と「仮説→検証→考察→改善」のループが染みついてくるのです。

組織としてのデータ文化を育むための仕掛け

では、組織としてデータ文化を育むための仕掛けをいくつか紹介します。

①チームで共有する〝仮説ボード〟や〝振り返り会〟

データ分析脳を個人ではなく組織に広げるには、チーム全体で問いを立て、検証し、結果を振り返る仕組みを作ると効果的です。

仮説ボード：
オフィスの壁やオンラインツールに、「今チームが検証している仮説」「次に試したい仮説」を書き出すスペースを作る。
誰が見ても一目で〝現在進行中の学習サイクル〟が分かり、アイデアやフィードバックを出しやすくなる。

振り返り会（レトロスペクティブ）：
定期的に「分析施策の成果」「検証プロセスでの学び」「失敗事例」を共有し、チームで話し合う場を設ける。
成功だけでなく失敗もオープンに扱い、そこから得られる学習を全員で共有することで、〝失敗OK〟な文化を醸成。

②〝データ分析サークル〟や〝学習コミュニティ〟の立ち上げ

大きな組織であれば、**有志メンバーで〝データ分析サークル〟や〝勉強会〟**を立ち上げ、定期的にお互いの分析事例を発表し合ったり、社外の事例を研究したりする活動もおすすめです。

メリット：
部署の壁を越えた交流が生まれ、情報やナレッジが循環。新しいツールや手法を試す際に協力やアドバイスを得やすい。分析担当でなくても、興味を持つ人材が集まり、組織全体のデータリテラシーが底上げされる。

こうした〝横のつながり〟が強化されると、視座の高い課題にもチーム横断で取り組みやすくなり、ビジネス成果へ繫がりやすい好循環が生まれます。

日常業務やプライベートでの〝問い〟がビジネスキャリアを変える

プライベートでのデータ活用例（家計簿やSNSなど）で新しい手法や気づきを得た場合、それを仕事に応用することで思わぬ成果を上げるケースがあります。**「あのとき自分が試した方法、仕事でも使えないか？」**と考えるだけでも、新しいアイデアが出やすくなるのです。

【例】
プライベートで散布図やヒートマップを活用し、家計支出を可視化していた↓そのノウハ

ウを使って社内データの可視化を改善し、部門が使いやすいレポートを提供。
SNS投稿の最適時間帯を個人的に研究していた→社内公式アカウントの投稿戦略にアイデアを活かす。

こうした〝プライベート×仕事〟のシナジーを狙うには、自分が身近に感じられるデータから小さな問いを作るという習慣が不可欠です。

昨今、多くの企業がデジタルトランスフォーメーション（DX）を加速させており、データリテラシーや分析力を持つ人材を求めています。データ分析脳を身につけ、継続的に磨いていけば、自分の所属組織だけでなく、転職市場や新規プロジェクトへの参画など、キャリアの選択肢が増えることは想像に難くありません。

【具体的なキャリアパス例】
分析担当からプロジェクトマネージャーへ昇進し、複数の部門を横断する改革をリード。
ビジネスディベロップメントや新規事業企画部門に移り、大きな視点でデータを活用してイノベーションを起こす。

独立・起業して、データ分析やコンサルティングを軸に事業を展開。

「データが分かる」だけではなく、「データを使って問いを作り、施策や意思決定につなげるプロセスを回せる」というスキルは、多くの場面で重宝されるでしょう。

「データ分析脳の継続的な鍛え方」では、日常業務やプライベートで〝問い〟を習慣化する方法や、組織としてデータ文化を育むための仕掛けを学んできました。データ分析脳は一度学んで終わりではなく、小さな問いを回す日々の実践や、チームでのフィードバックループを通じて不断にアップデートしていくものです。

次は、いよいよＡＩ・機械学習の活用や新規事業開発、イノベーション創出など、さらに大きな課題へステップアップする可能性について探っていきます。データ分析脳を磨き続ければ、ビジネス現場での活躍範囲が格段に広がり、キャリアや組織のイノベーションにもつながるはずです。引き続き、本書の最終章でその展望を描いていきましょう。

データ分析脳を軸に、ＡＩや新規事業といった最先端領域へどう進むのか、そこにどんな可能性があるのかを一緒に考えていきましょう。

高度な課題へのステップアップ

前節では、データ分析脳を継続的に鍛えるための具体的なアイデア―日常業務への「問い」の習慣化、プライベートデータの活用、組織としてのデータ文化づくり―を中心に紹介しました。これらを実践することで、データ分析脳が日常生活やチームの活動に溶け込み、自然な形でアップデートを続けられるようになります。

しかし、データ分析脳の可能性はそれだけにとどまりません。今や、ビジネスの世界ではAI／機械学習の高度な活用、新規事業開発・イノベーション創出といった領域にもデータ分析脳が大きく関わっています。データ分析という枠を超えて、企画やプロダクト開発、さらには経営レベルの意思決定にまで踏み込んでいくキャリアパスも十分に描けるのです。本節（2）では「高度な課題へのステップアップ」と題し、AI／機械学習の活用や新規事業開発への展開、さらにデータ分析脳を活かしたキャリアパスの可能性について探っていきます。

AI／機械学習の活用でより大きな問いを検証する可能性

AI／機械学習の技術が進むと、従来は人力で扱いきれなかった大規模データや複雑なパターンを捉えられるようになります。すると、**今までの〝売上推移〟などを超えて、「顧客行動の予測」や「パーソナライズされた推奨」「需要予測の高度化」**といったさらなる課題に取り組めるようになるのです。

【例】

ECサイトでのレコメンドエンジン：
購入履歴や閲覧履歴を機械学習モデルにかけ、顧客ごとに最適な商品を提示。

在庫最適化の高度化：
天候やSNSトレンドなど外部要因も取り入れた時系列予測を行い、欠品リスクとコストを最小化。

顧客離脱予測：
RFMや行動ログ、サポート履歴を統合し、どの顧客が離脱リスク高いかを早期に見抜く。

こうした取り組みは〝より大きな問い〟を扱いやすくします。たとえば「顧客一人ひとりに最適化された体験をどこまで提供できるか？」や「予測精度を高めて在庫コストを半減できるか？」など、ビジネスにとってインパクトの大きいチャレンジが可能になります。

しかし、ＡＩや機械学習を導入したからといって、一瞬で課題が解決するわけではありません。むしろ〝どんな問いを設定し、どんなデータを用意し、どうモデルを評価するのか？〟といったプロセスは、人間のデータ分析脳が担うべき部分です。

失敗パターン：
ＡＩ導入が目的化し、ビジネス課題との紐づけが弱い
↓高精度モデルを作っても現場で使われない。

成功パターン：
機械学習の可能性を理解しつつ、ビジネス課題やデータ品質、評価指標を正しく設定
↓モデル結果をどうアクションにつなげるかまで設計する。

つまり、**ＡＩ／機械学習はデータ分析脳の〝拡張ツール〟**にすぎず、最後の意思決定や課題設定は人間が行うのです。

新規事業開発、イノベーション創出につながるデータ分析脳

前章まで何度か触れましたが、ECサイトの売上データや顧客行動ログを深掘りする中で、顧客が本当に求めているがまだ満たされていない〝ニーズ〟に気づくことがあります。ここが新規事業開発の糸口になるのです。


【例】

「定期購入型サービスを望む顧客層が一定数いる」

↓サブスクモデルを新規事業として立ち上げる。

「商品自体より健康情報やライフスタイル提案を求める声が多い」

↓コンテンツ配信やコミュニティサービスを別事業として展開。

「競合と比べてSNSでのファンが多い」

↓ファンコミュニティを活用したマッチングプラットフォームやイベント事業を企画。


これらのアイデアは、**〝顧客データ＋視座の高い分析〟を組み合わせるからこそ得られるイ**

ンサイトです。ここでデータ分析脳が生きるのは、〝仮説→PoC→検証→本格導入〟の流れをスピーディに回せる点。新規事業でも、小さな実験やモニタリングが重要で、そこをデータでサポートできるのは分析脳を持つ人材の強みです。

イノベーションを加速させるには、他社や異業種とのデータ連携が鍵になる場合もあります。たとえば、

自社ECデータ×他社流通データ
→市場全体での顧客動向を把握し、新しい販売チャネルやサービスの可能性を探る。
自社顧客属性×スタートアップのAIモデル
→既存事業ではできなかった高度なパーソナライズを実現。

こうした〝コラボ〟において、どんなデータをどうやって共有し、どう分析するかを設計できる人材は希少です。組織の垣根を越えたデータ利活用を推進することで、新規事業開発の幅が一気に広がります。

きましょう。

データ分析者自身が企画・ビジネスディベロップメントへ進むキャリアパス

では、自身のキャリアはどのように広がっていくのでしょうか。少しキャリアパスを見ていきましょう。

① "分析だけ"ではなく、"ビジネスを動かすプレイヤー"へ

本書で再三強調してきたように、データ分析脳は"仮説→検証→提案→施策"の一連の流れをデザインする思考力です。初級〜中級レベルでは、分析担当としてレポートやダッシュボードを作る役割が中心かもしれませんが、上級レベルではそこにビジネス企画やプロジェクトリーダーとしての役割が加わってきます。

【具体例】

分析担当として複数のプロジェクトを支援し続ける中で、自然と「現場の課題感」「顧客の声」「競合動向」に精通し、ビジネス提案を行うリーダーになる。新規事業立ち上げメンバーに分析視点で参加し、戦略をデザインする中心的存在となる。

こうした成長パスを実現するには、テクニカルスキル（ツール・コード・統計）だけでなく、ヒアリング力やプレゼン力、他部署とのコミュニケーション力も欠かせません。データ分析脳

に〝人を動かす力〟を組み合わせることで、ビジネスディベロップメントや企画職として活躍できる道が開けるわけです。

②ＤＸ推進リーダーやＣＤＯ（Chief Data Officer）への道

企業によっては、データ活用全体をリードする〝ＤＸ推進室〟や〝ＣＤＯ（Chief Data Officer）〟といった役職が新設されているケースも増えています。そこでは、〝データ文化を組織に根付かせる〟〝大きなデータ戦略を描く〟といった経営視点が求められます。

ＣＤＯのミッション例：

社内のデータガバナンス構築、データ戦略の策定、ＡＩ／機械学習の導入方針
経営層と連携し、どの事業領域でデータ分析を強化するか、どれだけ投資するかを決定
全社のＤＸ推進計画や教育プログラムを主導し、データ分析人材を育成

こうした高次の役割でも〝データ分析脳〟は必須であり、そこにリーダーシップや経営視点を加えることで、トップマネジメントへステップアップするキャリアが視野に入るのです。

AI／機械学習の活用でより大きな問いを検証する際の注意点

前節の〝失敗事例〟とも関わりますが、AI／機械学習を使って〝大きな問い〟を検証する際には、特有のリスクも伴います。ここでは、データ分析脳を活かすうえで気をつけたいポイントを再度まとめておきましょう。

データ品質・バイアスチェック：
機械学習ほどトレーニングデータの偏りが深刻な影響を与える。

評価指標の適切設定：
精度やAUCなど技術的指標だけでなく、〝ビジネス効果〟をどう測るかが重要。

説明可能性(Explainability)：
モデルが複雑になるほど、関係者に根拠を示す難易度が上がる。現場が納得・理解できないと活用が進まない。

法的リスクやプライバシー：
個人情報を扱う際のコンプライアンス、顧客の同意、各種規制への対応を怠ると大問題になる。

データ分析脳を持つ人材が〝ビジネス課題〟と〝技術的実現性〟を橋渡しし、これらの注意点をトータルにマネジメントできれば、ＡＩ／機械学習プロジェクトの成功確率は格段に高まります。

本節では「高度な課題へのステップアップ」と題し、ＡＩ／機械学習や新規事業開発、データ分析を活かしたキャリアパスなどについて議論しました。データ分析脳をさらに伸ばすと、企画・開発や経営戦略、ＤＸ推進など多岐にわたるフィールドが広がっています。

次の「今後の学習指針とまとめ」では、本書を締めくくる形で、読者がデータ分析脳を学び終えた後にどう行動すべきか、具体的な学習ステップやコミュニティ参加の提案、さらに本書全体の総括を行います。データ分析脳は学んだら終わりではなく、そこからどう継続し、ビジネス成果に直結させるかが真の勝負です。ぜひ最後までお付き合いください。

今後の学習指針とまとめ

本書を通じて、「問い→仮説→検証→考察→提案」というデータ分析脳の基本サイクル、そして〝小さな問い〟から〝視座の高い問い〟へと段階的にステップアップしていくプロセスを学んできました。第6章では、データ分析脳をビジネスやキャリアにどう活かすかに焦点を当て、最初に継続的にデータ分析脳を鍛える習慣づくり、前節ではAI／機械学習や新規事業開発といった高度な課題へのステップアップを探りました。

本節では、その締めくくりとして、本書での学びを〝自分の資産〟としてどう運用し、どう成長し続けるかを総括します。さらに、実務に取り掛かる際の具体的ステップや、追加学習のリソース、そしてデータ分析脳がもたらす未来像を描きながら、読者の皆さんが次に踏み出すためのヒントを提示します。

本書を終えた後の実践ステップ(オンライン講座、コミュニティ参加、書籍など)

データ分析脳は一度本を読んで終わりではなく、継続的に実務や学習を重ねることで深化するものです。本書で得た知識を〝机上の空論〟にしないためにも、実務やプライベートで〝小さな問い〟を回し続けることが大切。そのうえで、さらなる知見やテクニックを吸収するために、以下のようなステップを考えてみましょう。

すぐに小さなサイクルを回してみる

仕事の会議やレポートで仮説を1つ付け加えてみる
家計簿や運動ログでグラフを作ってみる
本書の「ECサイト売上データを例にした体験編」を再現してみる
必要に応じてオンライン講座や追加書籍で学びを補強
分析ツールの使い方やプログラミング言語（Python，Rなど）の基礎を学ぶオンライン講座
可視化や機械学習の実践本、ビジネス統計学の教科書など、自分の弱点を補う書籍
コミュニティや勉強会に参加
オンラインコミュニティ（SNSやSlackグループなど）で他社事例や他分野の分析事例を学ぶ
オフラインの勉強会やLT会（ライトニングトーク）に顔を出してみる

データ分析脳はマーケティングやEC分析だけでなく、物流・製造・人事・医療・行政など、あらゆる分野で活用可能です。もし自分の業務分野以外でも興味があれば、分野横断的な勉強会や学会、カンファレンスをのぞいてみるのも視野を広げる方法です。

【例】

・サプライチェーン向けのデータ分析事例を学び、自分のEC分析に応用する
・人事分析（People Analytics）のトレンドを知り、自社の社員満足度向上や離職率低減に活かす
・医療やヘルスケア分野のビッグデータ解析の知見を取り入れ、自社商品やサービスの可能性を探る

自分の専門と異なる分野の例からアイデアを得ることで、新たな切り口やビジネス連携が生まれるかもしれません。

データ分析脳を「自分の資産」にする心構え

本書で繰り返してきたとおり、〝何を問いとするか〟がデータ分析の起点です。学習を続ける中で、新しいツールやトレンドに触れる機会は増えるでしょうが、最も大切なのは「結局、それはどんな問いに答えるためのものか？」を見失わないこと。

【具体例】

新しいBIツールが出たから飛びつくのではなく、今抱えている課題や問いを明確化し、「このツールは課題解決にどんなメリットがあるのか？」を評価する。
AI／機械学習フレームワークを学んだら、まずは自分が扱っているテーマでどんな仮説を検証できるかを試す。

このように、常に〝自分の問い〟から出発する習慣を続ければ、ツールや技術が変化しても本質を見失わずに済みます。

高度なテーマや新規事業への挑戦ほど、〝大きな投資や取り返しのつかない失敗〟に直結しがちという不安があります。しかし、本書で学んだように、ＰｏＣ（Proof of Concept）や段階的アプローチを取り入れれば、リスクを抑えつつ学習サイクルを回すことが可能です。データ分析脳に根差した〝仮説と検証の思考〟をフル稼働させれば、失敗も早期発見しやすく、成功へ軌道修正できるケースが増えるでしょう。

総括：小さな問いから始まり、大きなビジネス課題に挑む―その連続的成長の意義

第Ⅰ部では、小さな問いから始めるデータ分析の楽しさやサイクルの基本を体感し、「数字を眺めるだけではなく、問い→仮説→検証→考察→提案という流れを回そう」と学んできました。第Ⅱ部では、視座を上げるアプローチや、上位レベルの問いに挑む際の注意点、大きなプロジェクトの検証フローなどを深掘りし、分析結果を組織や事業戦略にも活かすノウハウを探究しました。

最初はECサイトの売上データを例に、棒グラフやクロス集計などの〝ベーシックな可視化〟で練習し、そこで得たワクワク感を糸口にどんどん視野を広げていく。やがては顧客ロイヤルティや新規事業開発といった複雑な領域にもデータ分析脳を使って挑んでいく――そんな〝段階的な成長〟の道筋が本書のテーマです。

〝分析が楽しい〟↓〝ビジネスに役立つ〟↓〝もっと質の高い問いが生まれる〟

小さな成功体験を積むうちに、次第に上位の問いへ視座が上がり、より大きな課題に対応できる自信がつく

組織やチームの中でも〝データを使おう〟というムードが高まり、プロジェクトにリソースが回ってくる

自分のキャリア成長にもプラス
分析だけでなく、施策提案やリーダーシップを発揮する機会が増え、企画・DX推進・マネジメントの道が開ける
他部署や他社との連携で、新しいイノベーションを生む中心人物になれる

以上で本書の内容はひととおり完結となります。最後に残る「最終メッセージ―データ分析脳がもたらす未来」では、改めてデータ分析脳の意義や読者へのエールを集約し、新たなチャレンジへ踏み出すあなたを後押しします。ぜひ、あともう少し一緒に読み進め、この旅を締めくくりましょう。

最終メッセージ―データ分析脳がもたらす未来

ここまで本書では、小さな問いから始まるデータ分析の体験編、第Ⅰ部での「問い→仮説→検証→考察→提案」の基本プロセス、そして第Ⅱ部での「視座を上げた上位課題へのアプローチ」や「ビジネスやキャリアへの活用」など、段階的にデータ分析脳を高めていく道筋を示してきました。最終章の最後となる本節では、その総仕上げとして、「データ分析脳がも

たらす未来」について改めてメッセージを送りたいと思います。

データ分析脳は、単なるスキルやテクニックではありません。問いを立てる力、仮説を検証する姿勢、そして検証結果から新たな行動を起こす勇気が組み合わさることで初めて、〝目の前の数字〟を〝価値あるアイデア〟や〝ビジネス改革〟へと変換する原動力になります。そして、この原動力はあなた個人や組織だけでなく、社会全体にも大きなインパクトをもたらす可能性を秘めているのです。

組織や個人がデータリテラシーを高める意義とインパクト

インターネットやクラウド技術の進化により、企業や個人が扱えるデータ量は爆発的に増えました。AI／機械学習などの手法も普及が進み、以前であれば専門家だけしか使えなかったアルゴリズムが、より身近に利用できるようになっています。こうした環境下では、

データ分析脳を持つ人：
膨大なデータから新しい機会やリスクを発見し、チームや事業を革新する

データ分析脳を持たない人：
情報量に圧倒され、〝勘や経験〟だけでは対応しきれない事態に陥る可能性が高い

という二極化が起こりやすくなります。組織としても、データリテラシーが高い人材を中心にプロジェクトが回り、〝数字に弱い〟部門は取り残されるという構図が生まれがちです。しかし、データ分析脳が組織全体に浸透すれば、誰もが〝根拠に基づく議論〟をできるようになり、生産性とモチベーションが大きく向上します。

データ分析脳が広がると、組織内で「仮説を立て→小さく試し→結果を見る→学ぶ」というサイクルが当たり前になります。これはまさにイノベーションの源泉です。大きな変化を恐れずに新しいアイデアを試し、失敗してもデータをもとにすぐに学習し、次へ活かす。こうした〝実験精神〟と〝検証力〟を兼ね備えた文化が育てば、

無駄な会議や形式的なレポートではなく、〝意思決定につながる議論〟に集中できる
上下関係や部署の壁を超えたコラボレーションで、新規事業やサービス創出が加速
従業員の意欲・エンゲージメントも高まり、企業の競争力が向上する

つまり、データ分析脳が個人からチーム、そして組織全体を変革する可能性があるのです。

「問いが世界を変える」—データと創造力の融合

本書で繰り返し強調してきたように、データはただ集めたり見たりするだけでは〝数字の塊〟にすぎません。そこに〝問い〟と〝仮説〟をぶつけることこそがデータを活かす鍵です。

そして、問いを立てる行為には必ず創造力が関わります。

【例】

「売上が伸びないのはなぜ？」

↓数ある原因を想像し、優先度の高い仮説を立てる創造性

「競合がどこでシェアを奪っているのか？」

↓自社データだけでなく外部データや顧客心理を勘案し、新しい切り口を試す発想

「顧客が本当に欲しいのはモノではなく〇〇では？」

↓定性情報と定量分析を掛け合わせ、商品開発やサービス設計のヒントを得る

こうした〝データ×創造力〟が融合した瞬間に、ビジネスにおける小さなイノベーションや大きな価値転換が生まれ、「気づかなかった潜在需要」「新しい体験設計」「画期的な業務改革」などが実現されるわけです。

データ分析脳はビジネスだけにとどまりません。医療・教育・交通・環境保護など、社会課題を解決するシーンでも、〝仮説↓検証〟のプロセスは力を発揮します。多くの社会問題は関与するステークホルダーが多く、データもバラバラに存在しますが、視座を上げて〝どのデータをどう繋げ、どう検証すれば課題解決に近づくか？〟を考えられる人材は貴重です。

【例】
・教育分野で学習データと脳科学の知見を組み合わせ、〝個別最適化された学習プログラム〟を開発
・環境分野でセンサーや気象データを分析し、廃棄物削減やエネルギー効率向上につなげる
・地域コミュニティのデータを収集し、高齢者見守りや公共サービスの最適化を実現

こうした取り組みはいずれも、〝問い〟と〝データ〟、そして〝創造力〟が鍵を握ります。

あなた自身がビジネスの枠を超えて社会課題へ挑む際にも、データ分析脳が強い武器になるでしょう。

読者に向けたエールと次のチャレンジへの後押し

本書の冒頭で「データ分析は本来クリエイティブで楽しい」と述べたように、分析には〝謎解き〟や〝宝探し〟のワクワク感があります。最初はECサイト売上データの棒グラフ作成から始め、そこに仮説をぶつけ、意外な発見を得る。その小さな成功体験が、少しずつ〝もっと上位の問いに挑戦してみたい〟という意欲をかき立て、やがては組織や社会を変えるほどのイノベーションへとつながるかもしれません。

〝小さな問い〟の例：
「この製品カテゴリだけ売上が伸びないのはなぜ？」
「リピーターが減った時期とキャンペーン終了の関連は？」

〝大きな問い〟の例：
「なぜわが社はECを運営するのか？ どんな価値を提供すべきか？」
「顧客ロイヤルティを高め、ブランドを確立するにはどうすればいい？」

「新規事業を立ち上げて市場を拡大するチャンスはどこにある？」

こうして視座を上げながら問いを進化させるプロセスは、あなた自身の創造力と学習サイクルによって無限に継続できます。

最後に、自分自身への問いかけとして「次の一歩は何だろう？」と考えてみてください。本書で学んだ〝データ分析脳〟をどう使うかはあなた次第です。たとえば、

ビジネス上の新しい取り組み：
部門横断のDXプロジェクトに参加し、データを核にした施策をリードする。
AI／機械学習を活用し、大規模データの予測や最適化モデルをPoCで試す。
新規事業の種を社内提案し、顧客インタビューやデータ分析を通じてPoCを回す。

キャリア成長：
データリテラシーの高いチームや企業へ転職・スライドし、スキルをさらに伸ばす。
DX推進やCDO候補として、自社のデータ文化醸成を担うリーダーシップを発揮する。

社会・コミュニティへの貢献：
市民活動やNPOのデータ整備に協力し、社会課題の解決にデータ分析脳を活かす。
オンラインコミュニティでの勉強会やLT登壇など、〝問い〟と〝学び〟を周囲と共有。

データ分析脳はあなたがいつ・どこで・どんな課題に取り組むとしても、必ず大きな武器になります。小さな問いを積み重ねるうちに、大きなビジネスチャンスや社会への貢献が見えてくるかもしれません。

まとめ：データ分析脳がもたらす未来

問いが世界を変える：データと創造力が交わることで、まだ世にない価値や解決策を生み出す。
組織・社会へのインパクト：データ分析脳が広がるほど、根拠に基づく意思決定が活性化し、イノベーションが起こりやすい文化が育つ。
個人キャリアの可能性：企画や開発、経営戦略、DX推進などあらゆる分野で需要が高く、自己の成長とともに周囲を変えていける。
継続的なアップデート：技術や市場が変わり続ける時代でも、〝問い→仮説→検証→考察

↓提案〟の思考プロセスを回し続ければ、進化し続けられる。

本書を閉じた後も、ぜひ**あなた自身の〝問い〟**を見つけ、データ分析脳のサイクルを楽しんでください。小さな一歩が、やがて大きな変化をもたらすはずです。組織や社会を動かすイノベーションの原動力になるかもしれない――それが、データ分析脳を身につける最大の醍醐味ではないでしょうか。

長い旅路をお付き合いいただき、ありがとうございました。あなたのデータ分析脳が新たなステージで花開き、素晴らしい未来を築いていくことを心から応援しています。

以上で本書はすべて完結です。どうか本書の学びを〝明日からの行動〟へと繋げ、あなた自身の人生や組織にクリエイティブで楽しい分析文化を広げていってください。データ分析脳が、あなたとその周囲の世界に大いなる発見と喜びをもたらすことを願っています。

〝問いが未来を拓く〟――いつでも、その言葉を思い出してください。

おわりに

いかがでしたか？

データ分析が身近に感じられ、非常に楽しいものだと実感していただければ幸いです。データは常に増え続け、いわば21世紀の石油とも言えます。このデータを活かすか、捨てるかはあなた次第です。生成ＡＩの発展により、データ分析は新たな局面を迎えています。だからこそ、データ分析を体系的に理解することで、生成ＡＩに適切な指示を出し、より多角的なインサイトを得ることも可能となってきます。繰り返しデータ分析のプロセスを実践し、ぜひ「データ分析脳」を習得してください。皆さまとどこかでお会いし、刺激的なデータコミュニケーションを楽しむ日を心よりお待ちしております。

本書の執筆にあたり、多くの方々のご支援をいただきました。岡元一生さんにはデータ分析脳のコンセプトや内容などをいろいろとディスカッションさせていただきました。一緒にディスカッションした日々がなければこの本が生まれることは絶対にありませんでした。また、本書の査閲に関しては、株式会社ＩｒｏｒｉｂｉのＩｒｏｒｉｂｉの伊藤淳二さんにご協力いただきました。そして最後に、本書の出版にあたって、同僚の皆さまやパートナーの皆さまのご尽力とご家族の皆さまのご理解、ご協力により完成することができました。心より感謝申し上げます。

注意

- 本書は著者が独自に調査した結果を出版したものです。
- 本書は内容において万全を期して製作しましたが、万一不備な点や誤り、記載漏れなどお気づきの点がございましたら、出版元まで書面にてご連絡ください。
- 本書の内容の運用による結果の影響につきましては、上記にかかわらず責任を負いかねます。あらかじめご了承ください。
- 本書の全部または一部について、出版元から文書による許諾を得ずに複製することは禁じられています。

著者略歴

下山 輝昌（しもやま てるまさ）

日本電気株式会社 (NEC) の中央研究所にてデバイスの研究開発に従事した後、独立。機械学習を活用したデータ分析やダッシュボードデザイン等に裾野を広げ、データ分析コンサルタント /AI エンジニアとして幅広く案件に携わる。2021 年にはテクノロジーとビジネスの橋渡しを行い、クライアントと一体となってビジネスを創出する株式会社 Iroribi を創業。技術の幅の広さからくる効果的なデジタル技術の導入 / 活用に強みを持ちつつ、クライアントの新規事業や DX/AI プロジェクトを推進している。

共著「Tableau データ分析 ~ 実践から活用まで ~」「Python 実践データ分析 100 本ノック」「Python 実践 データ分析入門 キホンの 5 つの型」(秀和システム) など。

中村 智（なかむら さとる）

株式会社ワークスアプリケーションズにて、鉄道会社、大型ホテル、小売業者をはじめとする幅広い業界に対する業務効率化プロジェクトを推進。顧客の課題と自社のソリューションを適切にマッチングし、顧客に寄り添ったソリューション提案から導入 / 保守まで一貫して手掛ける。特に、顧客のデジタル化領域において、数多くのプロジェクトを成功させる。その後、株式会社 Iroribi に参画。これまでの知見に加えて、AI/ データ分析などの技術力も身につけ、つくれるコンサルタントとして様々な顧客の DX プロジェクトを、クイックに成果に結びつける。クイックな試作 / ビジネス思考 /AI や IoT 等のデジタル技術の知見の 3 つを融合させたテクノロジーの価値化に強みを持つ。

共著「Python 実践 データ分析入門 キホンの 5 つの型」「Python 実践 AI モデル構築 100 本ノック」(秀和システム)

岡本 悠（おかもと はるか）

大学卒業後、農業共済から始まり会計事務所や企業での財務業務に従事。特に財務 / 会計分野での経験の中で、業務効率化のために独学で Python やノーコードツールを学び、業務での技術活用を行ってきた経験を持つ。さらに、そのスキルと業務経験をもとにデータ分析プロジェクトに参画し、アンケートや実績データのデータ分析を経験。その後、データ分析にとどまらず機械学習などへの挑戦を決意し、株式会社 Iroribi にジョイン。これまでの多様な職場での経験を活かし、クライアントとの積極的なコミュニケーションを通じてプロジェクト全体の一体感を醸成。クライアントの業務を深く理解 / 整理した上で、現場目線での運用視点も取り入れた適切な提案や技術適用に強みを持つ。

データの力《ちから》を100%《パーセント》引《ひ》き出《だ》す
「データ分析脳《ぶんせきのう》」の鍛《きた》え方《かた》

発行日　2025年　3月23日　　第1版第1刷

著　者　下山《しもやま》　輝昌《てるまさ》／中村《なかむら》　智《さとる》／岡本《おかもと》　悠《はるか》

発行者　斉藤　和邦
発行所　株式会社　秀和システム
〒135-0016
東京都江東区東陽2-4-2　新宮ビル2F
Tel 03-6264-3105（販売）Fax 03-6264-3094
印刷所　三松堂印刷株式会社　　Printed in Japan

ISBN978-4-7980-7323-1 C0030

定価はカバーに表示してあります。

乱丁本・落丁本はお取りかえいたします。

本書に関するご質問については、ご質問の内容と住所、氏名、電話番号を明記のうえ、当社編集部宛FAXまたは書面にてお送りください。お電話によるご質問は受け付けておりませんのであらかじめご了承ください。